CW0664440

LA SEMAINE SAINTE AU VATICAN.

Étude musicale, religieuse, historique, archéologique et pittoresque.
Quelques morceaux sont inédits.

Librairie Hachette et Cie.
1 volume grand in-18. . . . . 5 fr.

LE MARIAGE FORCÉ DE MOLIÈRE

OU LE BALLET DU ROI.

Dansé par le roi Louis XIV le 29 janvier 1664.

Nouvelle édition, contenant des *fragments inédits* de Molière
et la musique de Lulli réduite pour piano

Librairie Hachette et Cie.
1 volume petit in-8, caractère elzevirien. . . . . 5 fr.

LES ORIGINES DE L'OPÉRA ET LE BALLET DE LA REINE (1581

Etude sur les danses, la musique, les orchestres et la mise en scène
au xve siècle ; avec un aperçu des progrès du drame lyrique depuis
le xve siècle jusqu'à Lulli.

Librairie Didier et Cie.
1 volume in-18 jésus. 3 50

LES DÉCORS, LES COSTUMES ET LA MISE EN SCÈNE

AU XVIIe SIÈCLE.

Librairie J. Baur.
1 volume in-12 carré, caractère elzevirien. . . . . 6 fr.

ÉTUDES DRAMATIQUES.

LES TYPES POPULAIRES AU THÉATRE.

LES VALETS AU THÉATRE.

Librairie J. Baur.
2 vol. in-12 carré, caractère elzevirien, chacun. . . . . . . 6 fr.

CONTES.

Librairie J. Baur.
1 vol. in-12 carré. . . . . 5 fr.

ÉTUDES DRAMATIQUES

LA GALANTERIE

AU THÉATRE

PAR

LUDOVIC CELLER

PARIS

J. BAUR, LIBRAIRE-ÉDITEUR

11, RUE DES SAINTS-PÈRES, 11

—

M DCCC LXXV

ÉDITION TIRÉE :

A 400 exemplaires sur papier vergé, à . . . . 6 fr.

Numérotés et paraphés var l'auteur.

N° 308 L. L

PRÉFACE

————

Sous ce titre : La Galanterie, *nous ne voulons pas parler de l'amour simple, il faudrait analyser le théâtre entier, — ni de l'amour légendaire, vertueux et perpétuel, — ni de la folichonnerie où quelques théâtres vont chercher un succès malsain.*

Nous voulons nous occuper : des complications légères ou graves qui surviennent dans la vie fictive du théâtre lorsque la passion se satisfait au mépris des obligations imposées par la morale ou la loi, — des opinions émises à propos de ces complications, — en un mot de la façon dont la galanterie a été exposée, appréciée, soit en elle-même, soit dans ses résultats.

Tout cela forme un ensemble de faits sur lequel le répertoire contemporain a beaucoup insisté; ses idées sont intéressantes à comparer soit aux théories du monde, soit aux idées dramatiques du temps passé.

Les auteurs de nos jours sont très-discuteurs; ils ne se contentent guère d'une intrigue; il faut une thèse à exposer, et, dans toute pièce, un personnage prend le rôle de frère prêcheur. Ce n'est pas que le sermon porte toujours sur un sujet neuf. L'adultère notamment est

*terriblement rebattu; mais le théâtre vit sur un petit
nombre d'idées. Une ancienne tradition raconte qu'un
empereur chinois, par des réductions successives, avait
fait résumer en quelques volumes toutes les connais-
sances humaines. — Si l'on opérait pour le théâtre un
travail analogue, on serait étonné du peu de variété
que présentent les inventions dramatiques; les Atrides
habillés à la moderne ne nous sembleraient pas dépla-
cés; mêmes sujets durent depuis le classique Thespis;
l'enveloppe extérieure seule change et c'est tout.*

*La discussion mise sur la scène a été cependant un
élément nouveau introduit à notre époque; cette discussion est poussée si loin qu'il est impossible de ne pas
voir le monde au travers du théâtre.*

*Les thèses les plus épineuses sont alors portées devant
le public, mêlées au développement de la passion. L'art
n'a rien à voir avec la morale, il est vrai; mais il est
néanmoins étrange que les phénomènes souvent exces-
sifs de la passion soient exposés dans des œuvres de
discussion où cette passion cède la place au calcul de
l'esprit. Il faudrait choisir entre ces deux partis:*

*— L'action, sans vouloir enseigner autre chose que
ce qui résulte pour chacun de l'enchaînement des faits.
— Le plaidoyer, froid comme une conférence. On ne
peut que difficilement être à la fois poëte et prêcheur,
artiste et professeur, et ce sont cependant ces deux éléments malaisés à concilier qu'on s'est souvent efforcé de
réunir.*

*Les questions relatives à la passion ont envahi le
théâtre, et cela devait être dans notre civilisation avan-
cée; Cabanis et Bichat ne regardaient-ils pas l'amour
comme la préoccupation presque inévitable des classes*

riches et élevées, aussi bien par suite de leur oisiveté que par la libre expansion de facultés plus raffinées.

De là, à notre théâtre contemporain, bien des reproches d'immoralité. N'en a-t-il pas été toujours de même? — Si; et la lettre de Rousseau est là pour en faire foi; mais il ne faut pas exagérer l'indignation. Notre théâtre agite de gros problèmes relatifs à des questions délicates; il faut bien distinguer ce qui constitue l'immoralité d'une pièce: elle peut être immorale par le sujet, par le développement, par le dénoûment, par l'une de ces choses ou par leur opposition; le dénoûment surtout, qui est le dernier mot ou du moins paraît l'être, constitue pour bien des gens la sanction du drame; mais il faut soigneusement faire abstraction de ce dénoûment qui le plus souvent est imposé par la censure, par des causes diverses, surtout par les habitudes invétérées et mal raisonnées du public qui n'aime pas à aller dormir sur une catastrophe finale.

Où notre théâtre est plus dangereux, c'est dans les détails très fins, très-habiles et très-séduisants qui, comme nous le verrons, entourent parfois la théorie des auteurs, et cependant le tout dans un style bien plus réservé d'expressions qu'au xviiie siècle et dans l'École romantique.

On doit reprocher à notre théâtre des excès, mais il a produit de bien charmantes œuvres; il faut être juste et ne pas trop accuser notre temps. En somme, peutêtre qu'aborder à la scène les questions sociales a été un grand tort, surtout en insistant sur des théories personnelles. Mais le théâtre est une tribune bien tentante, qui réunit l'influence du fait à celle de la parole; et on remarquera d'ailleurs que les auteurs les plus audacieux, les plus réformateurs, ont toujours exposé im-

*partialement, dans un coin de leur œuvre, le pour et le
contre de leur théorie; c'est bien souvent dans des rôles
secondaires qu'il faut aller chercher la vérité, qu'obs-
curcissent les personnages plus en vue de l'action dramatique.*

*La Galanterie, féconde en calamités et ⎸toujours
vivace dans la société, devait au reste préoccuper surtout les esprits, avec ses complications résultant du mariage et de l'éducation des enfants. — La maîtresse,
l'adultère, la courtisane, tels qu'ils ont été exposés au
théâtre dans leurs effets présents, ou dans leurs résultats à venir, voilà ce dont nous désirons nous occuper.*

*C'est principalement dans les œuvres représentées
depuis environ vingt-cinq ans, à Paris, que nous cher-
cherons des exemples; et ce sera exceptionnellement,
et pour relier les idées du présent à celles du passé,
que nous remonterons au delà. — C'est d'ailleurs surtout à notre époque que les questions que nous indiquons
ont été portées au théâtre.*

ÉTUDES DRAMATIQUES

LA GALANTERIE

AU THÉATRE

INTRODUCTION

DU STYLE DE LA GALANTERIE

DEPUIS CORNEILLE JUSQU'A NOS JOURS

Le dialogue galant au théâtre, depuis Corneille
jusqu'à notre époque, s'est toujours fait remarquer
par une certaine recherche dans la tournure des
phrases, qui parfois est devenue de l'affectation.

En première ligne (nous croyons inutile de re-
monter aux finesses poétiques du xvie siècle, aux
compliments alambiqués de Ronsard ou de Cl. Ma-
rot) nous trouvons les expressions contournées des
Précieuses, dont la plupart ont passé dans la langue
ordinaire.

A la même école appartiennent les vers préten-

1

tieux des tragi-comédies telles que *Mirame*, et des
héroï-comédies de Corneille, sans en excepter, bien
entendu, *le Cid*, avec ses répliques scrupuleusement
équilibrées entre Rodrigue et Chimène.

Le style maniéré de ce temps est tout vivace
dans les rôles de femmes du *Menteur;* Clarisse,
coquette achevée qui cherche à prendre un mari
dans les promenades publiques, s'exprime parfois
d'une façon si alambiquée qu'on a peine à comprendre ce qu'elle dit. Ce défaut, qui se présente
plusieurs fois dans le dialogue, est surtout sensible
dans la scène du balcon; Corneille a pour excuse
qu'il faut égarer l'esprit des deux femmes et pré-
parer, par l'obscurité même, à Dorante, le moyen
de se retourner à la fin au milieu de ses mensonges,
mais cette obscurité de langage est telle que lorsque
Clarisse s'écrie à un moment :

> *Je ne sais plus moi-même, à mon tour, où j'en suis!*

Le spectateur pourrait répondre : Je suis comme
vous !

Pour faire disparaître ce langage contourné, il
fallut les moqueries de Molière dans *les Précieuses
ridicules*, et encore ne parvint-il que très-incom-
plétement à son but, mais il mit à la scène un lan-
ge plus simple et plus serré.

Y a-t-il rien de plus ferme et de plus franc que
les paroles d'amour de Clitandre à Henriette dans
les Femmes Savantes? — Y a-t-il rien de plus
charmant que la scène de brouille et de raccommo-

dement entre Marianne et Valère dans *Tartuffe?*

Corneille, dans un style bien différent de celui du *Cid*, écrivit, vers la fin de sa vie, un chef-d'œuvre dans la déclaration de Psyché à l'Amour (*Psyché*, III° acte, scène III); lui-même, il est vrai, était dit-on en cause, et Psyché s'adressant à son amant ne faisait que traduire les sentiments que Corneille ressentait alors, quoique sexagénaire, pour Mlle Molière.

✱

Célimène, du *Misanthrope,* a donné son nom à la coquette par excellence. Très-jeune (1), belle,

(1) A propos du rôle de Célimène, a-t-on remarqué l'exigence du public? Pour ce rôle comme pour certains autres renommés, il est presque impossible de le voir réaliser complétement à la scène. Est-ce à dire pour cela que les artistes qui interprètent ce personnage le jouent d'une façon insuffisante? Il n'en est rien très-souvent; le talent ne fait nullement défaut, mais on exige l'impossible.

Le rôle est complétement métamorphosé par la tradition, la critique, les exagérations des souvenirs, — ce n'est plus celui rêvé par l'auteur qui, probablement, ne le reconnaîtrait plus.

Voici Célimène, jeune femme de vingt ans, coquette, élégante et gracieuse, qu'en a-t-on fait? — Un monstre de rouerie, au courant de tous les manéges de la stratégie amoureuse; elle est affectée, et ne lance pas un mot sans l'appuyer par des sous-entendus, sans le souligner par des mièvreries; l'âge disparaît et jamais on ne pourrait croire aux vingt ans de Célimène, à ses vingt ans qui supposent un peu d'étourderie et moins d'affectation dans les manières et le langage. On est habitué d'ailleurs à voir Célimène sous les traits d'artistes auxquelles une longue expérience de la scène permet d'aborder les difficultés ajoutées au rôle.

Aussi, que par hasard une artiste de talent, jeune et belle (cela s'est vu), débute ou se risque dans un pareil rôle; elle y sera plus vraie, mais le public, la tête bourrée de traditions, la trouvera insuffisante; elle est trop jeune et pas assez maniérée.

En effet, chaque génération a ajouté au rôle une recherche de plus;

moqueuse, elle préfère un compliment, une toilette,
au commerce d'un honnête homme et surtout elle
n'admet pas qu'elle puisse s'engager avec personne.
Si la réplique d'Arsinoé n'était dictée par la prude-
rie et la jalousie, la leçon qu'elle donne à Célimène
serait la bienvenue. Le langage est ici ferme, concis,
et, même dans la bouche de la coquette, aussi
simple que lui permettent ses manéges. Elle aime
Alceste, mais elle aime encore mieux le monde où
elle brille; et elle laisse partir cet homme trop brus-
que dont le langage lui déplaît; combien, au reste,
y a-t-il de femmes qui consentiraient de notre temps
à suivre l'homme qu'elles aiment dans une campagne éloignée, même si cette campagne possédait
une station de chemin de fer?

Molière nous fournirait encore d'autres exemples
de coquettes dont la conduite et les façons jettent
de singulières lumières sur les mœurs du bon vieux

---

et des traditions successives que les artistes expérimentées, trop expérimentées, y ont accumulées.

Il se passe au reste quelque chose d'analogue en musique. Que l'on
représente *Don Juan*, de Mozart, par exemple, — le rôle de Don Juan
est aperçu au travers des rêveries de certains critiques ou de certains
fervents amateurs; les traditions des chanteurs, les hallucinations d'Hoff-
mann, les exagérations des souvenirs, les exégèses de tous les pays et
de tous les temps, le mirage des années passées, tout se réunit pour
rendre l'accès du rôle presque impossible à un chanteur moderne, et
si l'un d'eux y réussit (cela s'est vu), le spectateur qu'il aura satisfait
sera évidemment regardé dédaigneusement par les amateurs qui auront
entendu les étoiles des générations précédentes.

Le personnage de Célimène présente un phénomène semblable, et
nous pensons que si Molière revenait parmi nous il demanderait plus
de naturel, d'ingénuité, et moins de science des planches aux artistes
qui jouent ce rôle.

temps. Dorimène, du *Bourgeois Gentilhomme,* se laisse fort bien régaler et mener par Dorante pour plumer ce brave M. Jourdain, trop heureux en retour de pouvoir lui décocher à brûle-pourpoint le beau compliment qu'il a tant de peine à construire.

La coquetterie consistait alors à recevoir des *cadeaux*, c'est-à-dire des festins, et des concerts, toutes choses qui compromettraient gravement une fille de nos jours. Dans *les Précieuses ridicules* on envoie chercher les violons et l'on danse; les parents ne disaient donc rien? Loret est plein de récits de fêtes de nuit offertes à des belles qui ne s'en trouvaient nullement compromises. Dans *Pourceaugnac* encore, dans *le Sicilien,* on donne des sérénades, usages importés en France par les Italiens et les Espagnols.

✱

On met au théâtre beaucoup de baronnes, même douteuses; mais on supporterait mal de notre temps la baronne de *Turcaret,* aux crochets de laquelle vit un chevalier peu scrupuleux (1) On n'admettrait guère mieux le langage trop pratique de Turcaret, qui a toujours à la bouche le mot argent et ne met pas la moindre réserve vis-à-vis de celle qu'il honore de sa caisse. De nos jours on évite d'aborder trop carrément le chapitre argent avec une femme... à la

(1) Que n'a-t-on pas dit, il y a peu de mois, à propos du personnage de *Monsieur Alphonse!* le rôle a choqué le public au plus haut point.

scène s'entend. Notre théâtre a de singulières délicatesses à côté de duretés aussi étranges.

Marivaux retrouva, après un siècle environ, le
langage prétentieux dont se moqua Molière; *les
Jeux de l'Amour et du Hasard*, les *Fausses Confidences*, donnent un exemple de ce dialogue haché
menu, vif, spirituel, étincelant comme les paillettes
des amants qui le prononçaient, léger comme leur
poudre. — C'est charmant quand le dialogue est
vraiment spirituel, mais combien n'y a-t-il pas de
scènes essoufflées, vides, se traînant lourdement et
babillant on ne sait pourquoi.

✳

Dans ses premiers drames, tels qu'*Eugénie* et *les
Deux Amis*, le style de Beaumarchais se ressentit
des tirades ampoulées et déclamatoires, assez fréquentes de son temps; mais dans la trilogie de
Figaro, il écrivit simplement.

Son exemple fut suivi par la plupart des auteurs
dramatiques qui firent représenter des œuvres au
commencement de ce siècle, et pour trouver quelques
traits saillants, il faut arriver aux exagérations vou-
lues du *théâtre de Clara Gazul* et aux premières
œuvres du romantisme.

Antony, la Tour de Nesle présentent un langage
amoureux tout à fait à part, excessif, épileptique ;
on retrouve encore un écho de cette manière dans
les derniers drames d'Al. Dumas père, par exemple

dans *la Reine Margot* et *le Chevalier de Maison-Rouge;* dans ces pièces les rôles de La Mole, de Maurice Linday et de leurs maîtresses sont d'une ardeur exagérée.

Les drames de Victor Hugo nous offriraient aussi des exemples analogues — *Ruy-Blas, Angelo* sont là pour le prouver. A côté de ces excès, dans *les Burgraves,* il y a des scènes d'amour charmantes, fraîches et naturelles entre Otto et sa fiancée.

A. de Musset et Octave Feuillet ont de nos jours voulu renouveler le système de Marivaux, le premier surtout. *Le Caprice* montre une galanterie fort vive que l'esprit et le jeu des acteurs font passer; il faut faire le thé adroitement, ajouter quelques gestes, « certains clignements d'yeux et soupirs affectés, » couper le dialogue en petits morceaux et suppléer par la pantomime à la pauvreté du scénario. Cependant A. de Musset serait charmant, si pour l'imiter nous n'avions pas vu se lever une nuée de proverbes médiocres; puis il a fait faire un pas en avant vers la galanterie hasardée, et la forme du langage, si elle est élégante, n'est pas toujours plus convenable que le fond n'est vertueux. Rien de plus crû que la proposition du caprice faite par M. de Chavigny à Mᵐᵉ Ernestine de Léri; le mariage y est traité lestement; si le dénouement est moral, l'action nè l'est guère; on ne prête pas son mari à corriger, surtout à une amie aussi délurée.

Mais *le Caprice* a été, selon nous, une pièce exceptionnellement immorale, à laquelle, comme nous

le disions plus haut, le jeu des acteurs et la finesse
du dialogue donnent dans certaines parties un relief
exagéré.

Dans la galanterie de la haute comédie, il y a eu
progrès moral dans le langage et le sujet. Le style
vif et spirituel s'est conservé, par exemple, dans *les
Effrontés*, dans *Maître Guérin*, où le dialogue est
aussi ferme que mordant, et parfois si étincelant
que nous avons vu le public le suivre difficilement ;
ajoutons aussi, dans *le Post-Scriptum*, petit pro-
verbe où l'auteur a resserré le cadre, sans diminuer
l'esprit. Les scènes d'amour entre Célie et Horace,
dans *l'Aventurière*, sont d'une fraîcheur ravissante
et sont écrites dans une langue digne de Molière.

Dans les théâtres de genre le style de la galanterie a gagné si on le compare à celui du siècle
passé dans ce qu'on appelait le répertoire secondaire.
Les scènes de la Foire et des théâtres Italiens, des
Varités amusantes et autres, ont été laissées bien loin
en arrière par les répertoires du Gymnase et du
Vaudeville. Pour s'en convaincre, on n'a qu'à par-
courir les dernières œuvres de Scribe, de Bayard, et
quelques pièces de MM. Barrière, Sardou, A. Dumas.
Au seul point de vue de la galanterie, il y a mille
choses délicates, la théorie de la ligue dans *les Idées
de Madame Aubray*, par exemple, et celle du mariage dans *l'Ami des femmes*.

Quant aux théâtres que l'on pourrait appeler
théâtre de joyeusetés, même dans les parties destinées
à faire rire, ils ont gardé une mesure que n'avaient

pas leur ancêtre Scarron et le répertoire des anciens boulevards; l'esprit s'est affiné. Cependant il y a encore à blâmer une facilité extraordinaire pour trouver la gravelure sous les mots en apparence les plus innocents, et pour la souligner, puis aussi la tenue vis-à-vis de la femme est devenue parfois étrange (1); dans quelques comédies du théâtre du Palais-Royal, par exemple, la femme n'est plus considérée que comme un accessoire, comme un joli bipède à intrigues, destiné à dire tout au plus vingt mots dans une soirée, à s'habiller le plus coquettement possible, et à tromper son mari avec tous les Arthurs imaginables. Si les paroles ne sont pas toujours libres, les jeux de scène et les sous-entendus le sont diantrement.

Quand on descend encore un échelon dans la hiérarchie théâtrale, on trouve une exhibition féminine qui n'a rien à démêler avec l'art dramatique et dont nous n'avons pas à nous occuper. A ce point de vue certains théâtres ont déchu, mais cela ne constitue pas le théâtre. Il y a là un genre de pièces s'adres-

(1) Dans une récente comédie bien parisienne, donc bien spirituelle et peu morale, *la Petite Marquise* (Th. des Variétés), le dialogue galant est parfois remplacé par une pantomime un peu risquée. Par exemple, au Ier acte, lorsque le vicomte de Boisgommeux, devenu trop pressant, voit la marquise de Vertgazon sauter sur le cordon de sonnette, il feint de s'en aller et rentre subitement, poursuivant la marquise au travers du salon, renversant les meubles et s'efforçant, mais en vain, de l'empêcher de retrouver une seconde fois son cordon de sonnette, sa sauvegarde. Que l'on lise cette scène, qu'on y voie les rares exclamations, railleuses de la part de la femme, furieuses de la part de l'amant, et l'on sentira quel chemin on a parcouru de nos jours et jusqu'où peut être poussé le système de tout oser au théâtre.

1.

sant à un public spécial, très-nombreux il est vrai, mais en dehors duquel on peut fort bien demeurer; le succès inouï d'un genre galant beaucoup trop risqué, ne justifie pas ce genre et n'indique rien en sa faveur; à notre époque si une salle vide prouve généralement contre la pièce jouée, une salle pleine ne démontre pas l'excellence de l'œuvre qu'on y représente.

*

Le grand répertoire et nos théâtres de second ordre ont donc conservé et perfectionné le dialogue galant sans que les expressions en soient moins retenues; il y a même eu un talent en plus, car souvent on a donné des définitions charmantes de choses scabreuses à dire, et il est curieux de voir alors avec quelle adresse les auteurs se sont tirés de la difficulté.

Supposons une femme coquette qui se croit tout permis : se compromettre devant le monde, engager l'avenir de l'amant qu'elle encourage, exciter son imagination de toutes manières; à la condition que l'amant s'arrêtera là, et ne demandera rien de plus, elle le verra avec plaisir et le laissera continuer son manége; mais s'il exige davantage, elle ne se croira nullement liée par le passé, et lui dira un beau jour : « Monsieur, vous vous trompez, je ne suis pas ce que vous croyez. » C'est l'histoire de la marquise de Mercey dans *la Vertu de Célimène*, et il est difficile de donner une plus ingénieuse définition de la galanterie séductrice que celle que donne le marquis de Mercey, qui connaît bien sa femme.

Depuis que le monde est monde, dit-il, la femme n'a cherché à perfectionner qu'elle-même, elle seule, en augmentant ou en diminuant, et la chose la plus modifiée, c'est la vertu ; ça n'a pas été en augmentant.

Cette vertu a d'abord été :

« Un cercle d'un rayon convenable... ce cercle, les femmes
« l'ont trouvé trop grand, elles en ont tracé un plus petit et
« elles ont dit : Voici notre vertu, nous ne serons plus as-
« treintes à faire ce qui est en dehors de cette nouvelle ligne. »

Ce cercle raisonnable, les femmes l'ont encore rogné, et de perfectionnement en rognure, ce malheureux cercle « est arrivé à n'être plus qu'un point ; » par exemple là, les femmes s'y cramponnent, et à cette condition elles sont considérées « comme absolument vertueuses. »

Nous pourrions citer mille traits relatifs à la galanterie, aussi adroits que celui-ci et qui ne pêcheraient que par trop de recherche.

Maître Guérin, dont nous parlions plus haut, renferme de charmantes scènes entre Cécile et son cousin Arthur ; ce ne sont pas deux jeunes premiers ; Cécile est veuve d'un vieillard, Arthur est un homme jeune déjà membre du conseil général. Cécile, qui subordonne l'amour à l'ambition, refuse sa main au colonel Guérin qui a manqué pour elle de se faire tuer au Mexique ; elle dit un mot qui peint bien sa coquetterie : « Je ne peux pourtant pas lui « faire la politesse de l'épouser. » Riche et désœu-vrée, elle trouve plus simple de n'épouser personne et dit à Arthur qui voudrait « l'épouser d'une ma-nière ou d'une autre » : — « Tout ce que je puis faire pour vous, c'est de rester veuve. — C'est déjà quelque chose, murmure Arthur, à défaut de pain, on se rabat sur la brioche. »

Le Post-Scriptum (1869, Th.-Français), se relie à la coquetterie, au marivaudage. C'est quelque chose comme *Il faut qu'une porte soit ouverte ou fermée*, mais au rebours de cette dernière pièce, on y sent le bon sens et l'esprit gaulois. M. de Lancy aime sa locataire et prend un chemin détourné pour lui demander sa main ; il lui donne congé d'un ap-partement qu'elle aime et lui fournit le moyen d'y rester en devenant Mme de Lancy. Mais Mme de Verlière attend le jour même, retour des Indes, un fiancé qu'elle veut éprouver ; elle s'est fait poudrer et lui dira que ses cheveux ont blanchi ; si l'amour du revenant résiste, elle l'épousera. Ce dernier arrive des Indes chauve comme la main et l'a-mour de Mme de Verlière ne résiste pas lui-même à la vue de ce crâne dénudé. C'est une coquette dont la vertu paraît au reste peu solide.

C'est incidemment, dans son histoire racontée à Mme de Verlière, que M. de Lancy place ses coups de langue contre les femmes galantes de profes-sion ; déjà, après *la Dame aux Camélias*, était venu *le Mariage d'Olympe* ; on dirait que, semblable à l'impitoyable gaule avec laquelle Polichinelle assomme ses interlocuteurs, l'auteur ait tenu sa satire toute prête pour renfoncer le diable du demi-monde. *Le Post-Scriptum* semble une réplique aux *Idées de Madame Aubray*.

Nous bornerons là ces exemples et nous terminerons ce chapitre en parlant d'un dernier modèle de théorie galante. —

Dans *une Histoire ancienne* (1860, Th.-Français), M. de Gailles aime Mᵐᵉ de Chéneville; mais il la croit mariée quand elle est veuve et préfère « le bonheur en tiers au bonheur en titre » ; aussi refuse-t-il d'abord d'épouser et, regrettant le mari qui lui aurait permis la mise en pratique de ses théories, il explique à Mᵐᵉ de Chéneville les avantages du ménage à trois. Il y avait là des détails un peu ardus pour la scène; ce sont de ces choses qu'on se dit dans le tête-à-tête et encore plutôt, comme dit Brid'oison, ce sont là de ces choses qu'on se dit à soi-même, mais qu'on ne prêche pas devant le public. Ce dernier a la pudeur chatouilleuse; un spectateur admettra fort bien qu'il trouvera du charme à faire son nid dans un ménage, mais il sera choqué d'entendre exposer tout haut, à côté de gens pensant comme lui cependant, la théorie qui justifiera la situation qu'il admet.

L'idée de porter cette discussion à la scène et de la faire se passer entre un amant et la femme qu'il courtise et qu'il veut quitter parce qu'elle ne rentre pas dans le programme voulu, était néanmoins une hardiesse scénique qui nous a paru bonne à citer dans l'histoire du style galant au théâtre.

I

LA PAPILLONNE.

———

Nos pères n'attachaient pas grande importance aux distractions amoureuses mises en scène; ils ne se plaisaient pas aux graves complications de l'adultère, et admettaient fort bien la maîtresse comme élément dramatique sans conséquence. C'est cette situation, née d'un sentiment assez indulgent, que nous appelons la papillonne, nom inventé par Fourrier pour exprimer la faculté qu'auraient ses adeptes, au phalanstère, de courir de belle en belle, comme le papillon de fleur en fleur. Nous examinerons donc la maîtresse au théâtre, mais la maîtresse dégagée de toute complication dans le présent comme dans l'avenir. Nous verrons que même jusqu'à nos jours on l'a souvent considérée de la sorte.

La Semaine des Amours (27 octobre 1823, Th. des Variétés), est un des plus simples modèles de ces pièces légères où ne se débattaient pas de grosses questions; dans les sept chapitres qui la compo-

saient, Léon et Agathe constituaient la seule préoccupation du public. Nous laissons subsister les
sous-titres de chaque partie de la pièce, ils sont
caractéristiques du temps :

LUNDI. — *Rencontre et connaissance à la chaumière.*

Après un quadrille, la jeune fille n'ose rentrer
seule et Léon s'offre pour la protéger. On ne disait
pas encore, comme dans le *Brésilien* :

> *Voulez-vous? Voulez-vous?*
> *Voulez-vous accepter mon bras?*

MARDI. — *Tentative et succès.*

Ce tableau accuse une grande différence avec
nos mœurs actuelles : Léon trouve là une portière
vertueuse, la mère Pitou, mais vertueuse tout en
comprenant l'amour ; elle aussi a été jeune. En
même temps se rencontre l'oncle Duhamel, l'oncle
de l'ancien vaudeville, célibataire, bon vivant,
aimant quand même son coquin de neveu.

MERCREDI. — *Galanterie et coquetterie.*

Les deux amants dînent chez Véry et vont à l'O-
péra ; mais une sombre idée domine la situation,
c'est le lendemain le premier jour du mois, et
l'oncle Duhamel ne paiera pas la pension ordinaire,
car il veut marier Léon.

JEUDI. — *Franchise et bonheur.*

La scène se passe dans la mansarde d'Agathe ;

l'argent de l'oncle n'est pas arrivé, mais les jeunes gens ne s'en trouvent pas plus malheureux, et un peu plus ils chanteraient

Dans un grenier qu'on est bien à vingt ans,

dicton que se plaisent à répéter ceux qui n'y sont pas restés et se prélassent dans une chambre bien confortable.

VENDREDI. — *Délire et serments.*

Léon refuse à son oncle de quitter Agathe et de se marier avec celle qu'il lui destine.

SAMEDI. — *Les jours se suivent et ne se ressemblent pas.*

Les amants se promènent à Montmorency et s'ennuient sans oser se l'avouer.

DIMANCHE. — *Dénouement.*

La chambre d'étudiant de Léon est bien triste; plus d'argent, il faut travailler sa thèse, puis peu à peu les deux amants s'endorment à chaque bout de la chambre. La semaine des amours est close, chacun va se marier séparément. C'est dans le dernier tableau qu'on chantait ce couplet fredonné par nos pères mille et mille fois (1) :

(1) Les paroles étaient tirées des *Hussards de Felsheim*; Villeneuve, un des collaborateurs de cette pièce des *Hussards*, avait rapporté l'air d'Angleterre; c'est celui d'une gigue : *Les Cerises sont mûres.*

Nos amours
Ont duré toute une semaine;
Ah! que du bonheur les instants sont courts!
S'adorer huit jours,
C'était bien la peine;
Le temps des amours
Devrait durer toujours!

✶

Passons vingt années.

En 1844, la Comédie-Française représentait le *Mari à la Campagne*. C'est ici l'adultère innocent, élégant, spirituel, comme un écho de l'ancienne gaieté française qui ne voit pas sous un jour trop sombre une fredaine passagère; la pièce contenait une morale excellente et juste, c'est que si souvent la femme est délaissée chez elle, c'est sa faute ou celle de sa famille qui excède le mari. Aussi Colombet répond-il à César, son ami, qui lui dit ne pas le reconnaître :

« Ah! c'est qu'ici (chez sa maîtresse), tu vois... pas de con-« trainte... pas de mines renfrognées... de la gaieté et du « plaisir à discrétion... il y a deux hommes en moi, l'un es-« clave, triste et maussade... c'est le mari... l'autre libre, « sans-souci, sans femme, sans belle-mère surtout... le « voilà... Une belle-mère! ce n'est pas trop de la moitié de « Paris pour la tenir à distance! »

Son intérieur a été envahi par la belle famille, les amis, la religion inquisitoriale de M. Mathieu, bureaucrate cafard et curieux; aussi Colombet, comme un collégien, cherche des jours de congé, il invente plusieurs dimanches par semaine; deux jours « passés à la campagne, » — au moins, il oublie momentanément la vie où il ne lui est pas permis de prendre la main ou de presser la taille de sa femme. Tout se passe dans un monde honnête et sans trop insister sur l'infidélité de Colombet, qu'on peut croire plutôt projetée qu'accomplie. Le bon accord reparaît dans le ménage, mais on se demande néanmoins si le mari profitera de la victoire qu'il remporte : une belle-mère doublée d'un M. Mathieu, c'est trop. La fièvre du moment calmée, Colombet rentrera sous la griffe de belle-maman ; les derniers mots l'indiquent :

« Mme d'Aigueperse. — Ursule! aujourd'hui vous dansez avec votre mari... mais demain.

« Ursule. — Demain, je quêterai avec vous, ma mère! »

La ténacité de Mme d'Aigueperse justifierait ce mot fantaisiste : « Une belle-mère est un étau qu'on peut briser, mais qui ne se desserre jamais. » *Le Camp des Bourgeoises* (Gymnase 1855) appartient à la même école et est d'une gaieté de bon aloi. Cette pièce répondait à une idée pleine d'actualité : c'était le moment où commençait à s'épanouir à l'aise la cocotte (le mot est devenu classique) la cocotte parisienne, avec le luxe exorbitant de sa toilette et de ses équipages ; de là, une sourde irritation dans la bourgeoisie vertueuse. Quand la bourgeoise honnête est spirituelle, elle pardonne, tout en jalousant un peu un luxe qui

lui irait fort bien de toutes les façons; mais la
bourgeoise à idées étroites, aigre-douce, rendant
son intérieur désagréable, y trouvait une raison de
plus de gémir et d'invectiver « ces créatures, » en
enviant « leurs volants à cinq étages » (on portait
beaucoup de volants). M. Lajonchère ne trouvait
pas ces créatures désagréables et il fuyait son ménage pour courir vers des oasis plus hospitalières ;
mais s'il s'éloignait, c'était tout juste pour faire une
légère école buissonnière et non pour commettre
un gros adultère; tout au plus se passait-il un caprice que la femme acariâtre lui pardonnera à la
longue, sans être d'ailleurs pour cela moins revêche
qu'auparavant.

Mᵐᵉ Lajonchère gémit et éclate de fureur parce-
que « tout » est pour les « drôlesses » ; qu'au moins
elles lui laissent son mari ! La nièce de Lajonchère
va se marier avec Christian qui finit sa vie de
garçon ; on découvre au doigt du fiancé une bague
d'origine douteuse, et Lajonchère veut rompre,
quand Christian lui prouve que, bien qu'ancien notaire, lui aussi court le demi-monde, plus par genre
que par goût, il est vrai ; vérification faite, tous deux
sont trompés par la même femme. C'est une leçon
qui profitera. Quant à Mᵐᵉ Lajonchère, elle a saisi,
en écoutant aux portes, la confession de son mari ;
elle en profite pour resserrer sa chaîne, et ne lui
accorde son pardon qu'en le voyant déposer à ses
pieds : trois cachemires, deux chevaux et un brace-
let de 10,000 fr., cadeaux destinés à la « créature ».

Cette pièce, comme beaucoup d'autres, prouve le peu de gravitéque le théâtre attache à la papillonne de l'homme en regard de celle de la femme.

L'habitude qu'ont certains hommes de s'attacher aux pas d'une femme a donné lieu à quelques scènes assez comiques : « *Un Monsieur qui suit les femmes,* » reposait sur une idée heureusement trouvée : un jeune poursuivant s'adressait par hasard à une femme honnête qui, au lieu d'accepter son invitation à diner, l'invitait à venir diner chez elle et le faisait tomber au milieu d'amis, le présentant à son mari, le plaçant à chaque moment dans la situation la plus fausse par la phrase qu'elle adressait à chacun : « Je vous présente M. *** qui « voulait m'emmener diner avec lui, j'ai pensé « qu'il était plus convenable de l'amener diner ici.»

Plus près de nous, *les Idées de Madame Aubray* nous offrent le type de Valmoreau qui guette dans toutes les gares une tournure à son goût, et part à sa poursuite sur les plages maritimes de France.

Cette manie de suivre les femmes, qui a, dit-on, rapporté souvent d'heureux profits aux audacieux, a épouvanté Paris il y a moins d'un demi-siècle. Entre 1825 et 1830, à l'abri d'un empressement amoureux simulé, des voleurs arrachaient aux femmes les bijoux et notamment les boucles d'oreilles ; on portait alors des petits chapeaux relevés laissant voir les diamants ronds et montés court, qu'on appelle des boutons. Pendant quelques hivers, les Parisiennes ne sortirent à pied le soir qu'avec terreur; la sortie des spectacles était surtout un moment redouté. Les voleurs, puis aussi des mauvais plaisants, augmentèrent encore l'effroi en inventant un système qui leur fit donner le surnom de piqueurs; ils suivaient les femmes par derrière et les piquaient avec un poinçon dans un endroit qui n'était pas, comme il l'a été depuis, protégé par une épaisse crinoline. On s'arma contre ces excès et l'on trouve encore, chez les ancêtres qui ont été jeunes à cette époque, de robustes cannes, munies d'une pointe acérée emmanchée au bout, et dont on se servait le soir pour défendre sa compagne contre les entreprises indiscrètes et intéressées de messieurs les polissons et les voleurs.

L'idée de faire suivre une femme par un jeune homme inexpérimenté fit écrire en 1864, *les Pommes du voisin*. Un célibataire avocat (1), prêt à se marier, et regrettant d'avoir jusqu'alors suivi trop obstinément le sentier de la vertu, veut goûter de la passion défendue; mais voyageur timide, bientôt substitut du procureur impérial, il associe le code pénal à ses prouesses galantes et à chaque pas qu'il fait sur le chemin de l'adultère le plus innocent, il additionne les peines qu'il encourt. Donc l'avocat Larozière se lance inconsidérément à la poursuite d'une femme déguisée en homme, et dont les formes accusées sous l'habit masculin font sur lui une impression profonde; il éprouve une

_____

(1) L'auteur avait voulu d'abord mettre en scène un substitut; des raisons de convenance avaient imposé un simple avocat.

tentation atroce de prendre une fois « le chemin de
traverse ». Le mari de Paola (c'est le nom de la
femme déguisée), se met de la partie.

Larozière se risque à l'Hôtel du Dragon, pénè-
tre par ruse dans la chambre de Paola, — invasion
de domicile, murmure sa conscience qui a pris
par avance le pli du parquet ; — il se targue de ses
prochaines fonctions de magistrat, usurpation de
titre. — Le mari arrive, conversation criminelle,
art. 337 ; — il se cache dans une armoire, flagrant
délit, art. 338 ; — il brise une porte, effraction, —
il prend des habits pour se déguiser, vol à l'auberge,
art. 386 ; — il dévisse une serrure avec un poi-
gnard, arme cachée et main armée, art. 381, 385 ;
donc adultère, vol, effraction ; la poursuite du mari
se continue jusque sur les toits ; Larozière précipite
un marmiton dans la cour, homicide, art. 304,
peine de mort.— Total : mort, cent quarante-sept
ans de galères, dix ans de prison, vingt-cinq ans
de surveillance ; voilà ce qu'on appelle volupté,
s'écrie l'infortuné, voilà ce qu'on appelle « aller de
Cythère à Paphos ! » Et ce n'est pas fini : il croit
avoir fait rôtir Paola dans un four, et en arrive à
vouloir tuer un aubergiste qu'il suppose au courant de ses méfaits imaginaires. Au bout de ses tri-
bulations, rien d'étrange à ce qu'il renonce à la
papillonne.

Toutes autres sont les idées de M. de Ryons
dans *l'Ami des Femmes* (Gymnase 1864).

Ici, c'est la papillonne acharnée ; c'est le céliba-

taire un peu blasé acceptant l'amitié des femmes
tantôt sincèrement, tantôt pour profiter de certains
interrègnes, admettant le caprice comme principe
dans la vie : caractère au reste fort problématique
et dont l'insouciant et gracieux cynisme, peut-être
insuffisamment exposé ou rendu, a laissé le public
hésitant et choqué de l'intimité singulière du
héros dans certaines questions délicates, de son
indiscrétion outrée vis-à-vis de tous, et de son
désintéressement amoureux peut-être sincère, mais
dont il semble qu'on doive toujours douter.

La liberté avant tout, tel est le but de la vie de
M. de Ryons; pas de chaîne, amitié toujours, caprice dès qu'on pourra. Quant au mariage, il est
bon pour les femmes et non pour les hommes.
L'amour, tel que le comprend M. de Ryons :

« ...N'est qu'un nœud fait à l'amitié pour qu'elle soit plus
« solide; il occupe l'entr'acte des grandes passions... »

C'est un peu comme dit Tartuffe :

De l'amour sans scandale et du plaisir sans peur.

Seulement le sentiment y est plus délicat et sans
hypocrisie; c'est le caprice posé comme règle nécessaire dans le commerce amical de l'homme et de la
femme, et M. de Ryons, avec son système, est :
« Un amant sans conséquence et sans responsabi-
« lité, un ministre sans portefeuille.... » et quand
la femme consulte ses souvenirs elle dit : « Celui-
« ci ne compte pas. »

— « Vous êtes tout simplement monstrueux »,
lui réplique Mme Leverdet ; — mais au point de vue
moral il y a d'autres personnes qui ont quelque
chose d'aussi monstrueux, ce sont les femmes qui
en arrivent à dire en se donnant à lui : « Celui-ci
ne compte pas ! » — Il est vrai qu'il est question
d'entr'actes, et qu'alors un amant de plus ou de
moins !... qu'importe à de pareilles vertus !

Ce rôle de M. de Ryons, plein d'esprit, est un
singulier mélange de paradoxes légers et de réflexions justes. Peut-être qu'avec vingt ans de plus
le rôle eût été charmant ; à vingt-cinq ans (âge que
semble indiquer la pièce), il paraît choquant. —
Tendre à une jeune femme, pour connaître ses
secrets, les traquenards les plus perfides, et la pré-
parer, au milieu des confidences les plus épineuses,
à aimer un autre que son interlocuteur, quand elle
paraît incliner vers lui, sont des faits qui placent
le personnage dans une bien fausse position ; l'esprit se refuse à admettre un jeune homme parlant
d'amour pour le compte d'un autre. C'est ce sentiment qui a blessé le public ; c'était un point délicat
que n'a pas pu esquiver ni suffisamment tourner
l'adresse de l'auteur.

Le héros est fanatique de liberté jusqu'à refuser
une honnête, belle et très-riche jeune fille qui lui
offre loyalement sa main ; mais à la fin il prononce
ces mots : « Je ne suis pas heureux ! » Fidèle au
mystère qui entoure son caractère, il ne dit pas si
c'est parce qu'il a rendu Jane à son mari, ou parce

qu'il a refusé Mlle Hackendorf. Il fait de l'amour
une question de tempérament et mesure, selon la
vivacité de ce dernier, le désintéressement et le pla-
tonisme : c'est une école matérialiste ; au point de
vue physiologique, c'est peut-être vrai, mais ce
n'est pas une raison suffisante pour étaler ce système au théâtre.

Au reste, si M. de Ryons croit peu à la vertu,
cela ne nous étonne pas en considérant les personnages de la pièce.

Les femmes d'abord :

Mme Laverdet, qui mène depuis longues années
un ménage à trois et accepte les rebuffades de son
vieil amant, toujours de mauvaise humeur ; — Jane
de Simerose, jeune étourdie courant le monde ;
effrayée de sa première nuit de noces, elle a quitté
tout simplement le domicile conjugal pour se réfu-
gier chez sa mère, qui n'a pas eu le bon sens de la
rendre à son mari : pudeur outrée qui toutefois n'a
pas tenu chez Jane à deux années d'attente, puisqu'à la fin elle est la première à sauter au cou de
son mari ; — Balbine Laverdet, quatorze ou quinze
ans, tombant en attaque de nerfs par amour pour la
belle barbe d'un jeune gandin.

Les hommes, à présent :

M. des Targettes, ancien amant de Mme Laverdet,
traînant son ennui sur les canapés de l'ami qu'il a
trompé ; — M. Laverdet, vieux savant, acceptant
fort bien son ménage en partie triple ; — M. de Simerose qui, au lieu de faire comprendre à sa jeune

femme la fausse position où elle se place, et au lieu de la reprendre à sa folle de mère, va chercher des consolations chez une femme de chambre.

Avec cet entourage connu de lui, M. de Ryons est fort excusable, il ne peut guère avoir une haute idée de la vertu du monde s'il le juge à l'échelle du petit cercle qui vit autour de lui ; rien d'étonnant à ce qu'il persévère dans la papillonne dont il nous a paru le plus récent et le plus complet modèle.

II.

LA MAITRESSE.

———

L'amour n'a pas toujours été considéré sous des couleurs aussi innocentes. Scribe lui-même, qui, dans son théâtre, a systématiquement évité d'aborder les questions sociales, a parfois exposé des situations graves résultant de la présence de la maîtresse dans la vie de ses héros.

Dans *les Malheurs d'un amant heureux* (Gymnase, 1835), il aborde à la scène une des plus grosses péripéties de la passion. Donner rendezvous, dans la campagne d'un ami, à une jeune veuve coquette et déjà facilement compromise, — se tromper de chambre, — trouver au lieu de sa maîtresse la fille de la maison et la prendre plus ou moins consentante, — voici le fait, qui demandait, pour passer aisément, toute l'adresse de l'auteur. L'inflammabilité des ingénues du Gymnase (théâtre beaucoup moins moral que sa réputation ne le ferait croire) pouvait seule justifier l'action. Hen-

riette Bonneval, pour avoir vu deux ou trois fois
au bal M. de Thémine, l'aime et ne songe pas à
crier quand il entre dans la chambre verte que devait d'abord occuper Hortense Torigny, la jeune
veuve aussi éprise du jeune premier, — car M. de
Thémine, par suite d'une situation singulière, et
fréquente dans le théâtre de Scribe (voir *la Cama-
raderie, le Verre d'eau, une Chaîne*), est aimé à la
fois de plusieurs femmes. Cette situation, difficile à
exposer sans rendre l'homme un peu ridicule, est
lestement menée dans cette pièce charmante, sorte
de jeu de cache-cache d'une extrême habileté, où un
maritrompé est satisfait sans rien deviner, à côté
d'un vieux bourgeois enchanté d'abord de croquer
du scandale et au désespoir ensuite d'être mêlé à
l'imbroglio qu'il a cherché sans se rendre compte
des conséquences.

Dans *une Chaîne*, Scribe a abordé la situation
d'une façon plus sérieuse encore. Emmeric aime sa
cousine Aline et voudrait bien rompre ses relations
avec Mme de Saint-Géran, mais les convenances sont
là. Cette dernière a aidé Emmeric à faire connaître
son talent de musicien (car à cette époque, Th.-
Français 1841, les artistes avaient déjà remplacé au
théâtre les colonels et les jeunes officiers du Gymnase). La difficulté de la position d'Emmeric est encore compliquée par le caractère de M. de Saint-
Géran, amiral, homme excellent et fort digne, et
de plus le parrain d'Aline. Hector Balandard, type
du confident moderne, ami d'Emmeric, se trouve

mêlé à l'intrigue et à tous les jeux de scène qui peuvent résulter — du désir de rompre une relation de longue date en ne laissant rien paraître — de la juste susceptibilité d'un mari respectable de — l'éveil donné à la famille de la jeune cousine — du désespoir de Mme de Saint-Géran. Mais le fil, habilement embrouillé, sera encore plus habilement débrouillé (1); le beau-père futur, le père d'Aline, qui découvre tout par hasard, prête la main à un heureux dénoûment, dont le complaisant Balandard endosse la responsabilité. La morale est faite par le mari trompé, qui, sans savoir qu'il s'agit de sa femme, insiste auprès d'Emmeric pour qu'il rompe avec sa maîtresse :

« On ne dénoue pas de pareils nœuds... on les brise, dit-« il.... tout renoue à chaque instant les anneaux de cette « chaîne d'or, qui est de plomb quand on la porte, et de fer « quand on veut la rompre. »

Avec le temps, et pendant que d'un côté les excès de la passion se multiplient, les auteurs broient du noir sur cette thèse de la maîtresse. *Dalila*, d'Oct. Feuillet (que nous examinerons ici bien que la représentation n'en ait eu lieu que beaucoup plus tard), en est la preuve.

Un jeune artiste (encore un musicien), épris d'une jeune fille, Marthe, tombe dans les bras d'une coquette qui brise son talent, l'énerve, le rend presque

(1) Même si habilement qu'au bout de trente ans passés, la dextérité de l'auteur fait que la pièce n'a pas trop vieilli.

fou ; elle tue, par le désespoir, la jeune fille à laquelle
elle ne rend son fiancé que quand il est trop tard.
Cette pièce expose sous de sombres couleurs l'influence mauvaise de la femme sur le talent, sujet
satanique mille fois choisi par la légende, la poésie
et le théâtre.

André Roswein va voir son premier opéra représenté le soir même ; il a pour maître le vieux Sertorius, un Allemand timide, une sorte de mécanique
échappée d'un orgue du moyen âge, et dont la timidité est telle que jamais il n'a pu jouer devant le
monde ; il a reporté ses espérances sur Roswein dont
il connaît l'amour pour Marthe. Le chevalier Carnioli, amateur forcené de musique, s'oppose au
mariage des amants, parce que le mariage tue le
talent, et qu'un compositeur marié est « un homme
fini. »

L'opéra réussit, et la princesse Léonora, dans sa
loge, complote avec Carnioli d'enlever Roswein à
ses amours bourgeoises. Léonora commence par
jeter son mouchoir sur la scène avec son bouquet,
Roswein le rapporte, et devant l'amour agressif de
la princesse il oublie Marthe et part en chaise de
poste avec sa nouvelle maîtresse (on avait encore la
chaise de poste, alors !). Deux ans se passent, et
pendant que Marthe se désole, Roswein, d'abord
adoré, se voit peu à peu chassé par Léonora ; quant
à lui, il est sombre, abattu, ne se sent plus une idée
musicale, et exècre sa maîtresse ; c'est un délicieux
intérieur ! Carnioli veut sauver Roswein qui n'a

même plus la force de partir; cependant, à la nouvelle que Marthe se meurt, il se laisse emmener, d'autant plus à propos que la princesse vient de s'enfuir avec un ténor. Sur la route de Gaëte une voiture vient au-devant de lui; c'est le vieux Sertorius qui emporte le cadavre de sa fille. Au même moment, la princesse passe en barque sur la Méditerranée, avec une escorte de chanteurs et de musiciens, et Roswein meurt subitement.

Tout ceci est bien sombre et se ressent de la théorie des grandes dames de *la Tour de Nesle*; une maîtresse, même titrée, est-elle aussi dange· reuse que cela pour un musicien ! c'est ce qu'il faudrait démontrer.

Il y a une singulière ressemblance entre cette pièce et *les Filles de marbre* que nous examinerons plus loin; le monde seul est changé, de niveau plus que d'espèce, car la princesse avec son titre est, tout comme Marco, une courtisane; *Dalila* est la contrepartie, le pendant de *Rédemption* du même auteur; le cadre, comme les personnages, y est scrupuleusement imité; dans *Rédemption*, c'est la vie sombre du nord avec un certain voile de tristesse et de mélancolie, *Dalila* c'est la vie italienne lumineuse, gaie, sans l'ombre de repentir.

Les Filles de marbre (MM. Barrière et Thiboust. Vaudeville 1853) reposent, comme nous le disons, sur une donnée à peu près identique à celle de *Dalila*; c'est en même temps l'analyse de la maîtresse dangereuse et de la courtisane. Opposée, comme

2.

morale, à *la Dame aux camélias,* cette pièce fut d'un
aussi mauvais effet, car la représentation du vice
brillant et heureux ne vaut rien lors même que le
vice est puni dans la péripétie finale, ce qui même
n'arrivait pas dans *les Filles de marbre,* malgré le
rôle de Desgenais, rôle devenu typique, et qui tra-
versait la pièce en disant à chacun ses plus dures
vérités. On connaît l'intrigue ; Raphaël, sculpteur,
fiancé à une jeune orpheline, Marie, quitte famille
et amis pour aller s'enfouir six semaines durant à
la campagne avec Marco ; sans s'en rendre nettement compte, il vit en partie aux frais de M. de
Fresnes qui paye largement sa maîtresse ; il faut,
pour le tirer de cette position humiliante, les im-
pertinences voilées du comte de Fresnes et les inso-
lences de Marco qui s'ennuie à mourir en filant le
parfait amour ; si elle cherche à le retenir, c'est parce
qu'elle comprend qu'elle ruine ainsi le bonheur de
deux autres personnes. Raphaël s'enfuit, elle le
poursuit jusque dans son atelier, où il cherche
vainement, épuisé, à reprendre son travail ; il
meurt de désespoir.

N'avions-nous pas raison d'indiquer dans cette
intrigue beaucoup de points de ressemblance avec
Dalila ? Seulement, malgré la communauté du sujet,
cette dernière pièce est moins vivante, quoique plus
littéraire, que *les Filles de marbre.*

Après l'examen du désastreux effet de certaines
amours sur le présent, vient celui des conséquences
dans l'avenir. Ici nous entrons dans les théories

sociales. Deux œuvres dans notre théâtre contemporain se sont attaquées à cette question.

Le Fils naturel (A. Dumas fils, Gymnase, 1858)
et *les Vieux garçons* (V. Sardou, Gymnase, 1865)
exposent, non plus la galanterie seule, mais ses
résultats à plus de vingt années de distance. Cha-
cune de ces pièces contient la vie d'un enfant naturel, et bien que les auteurs traitent leur sujet
à deux points de vue différents, le côté social et le
côté dramatique, on pourra faire cette première
observation que ces enfants naturels n'ont guère à
se plaindre; tous deux riches, aimés, réalisent le
type de l'enfant naturel mis ordinairement à la
scène et comblé de tous les dons de la nature et du
monde. Malgré cela, il faut examiner ce qui résulte
pour eux de l'indifférence du père et ce qui peut
résulter en général par suite de l'abandon du devoir
de la paternité (1). En tendant au même but, *les
Vieux garçons* condamnent le célibat, *le Fils naturel* condamne la séduction de la femme.

En 1816, Ch. Sternay a séduit une jeune ou-
vrière, Clara, qui travaillait dans le château de sa
mère; il est résulté de leurs relations un enfant,
Jacques; son père abandonne fils et maîtresse pour

(1) Dans un drame assez mal construit mais énergique, de M. Tou-
roude, *le Bâtard*, représenté il y a quelques années à l'Odéon, un père,
vingt-cinq ans après la séduction d'une femme qu'il avait abandonnée,
se trouvait en présence de ses deux fils, l'un naturel, l'autre légitime,
sur le point de s'entr'égorger. La situation violente, dans laquelle la dignité paternelle était peut-être inutilement abaissée, se dénouait par
un attendrissement de l'enfant illégitime, aigri jusque là par la fausse
situation que lui avaient faite la loi et la société.

se marier. Ici se place dans la pièce la question de séduction, provenant d'un entraînement passager ; il est à remarquer qu'un ami de Clara, Aristide, sorte d'ouvrier et personnage épisodique, regarde la séduction comme inévitable d'un côté aussi bien que de l'autre ; il est vrai qu'il accuse les riches jeunes gens... « L'oisiveté des hommes comme lui, « dit-il, c'est le malheur des femmes comme toi » ; et il prêche contre les hommes qui trouvent la vie toute faite. Certes il y a beaucoup à dire ; mais il nous semble pourtant que la réelle séduction est rare ; l'amour-propre masculin se dore trop aisément la pilule, et ce n'est généralement pas parmi les rosières que les jeunes gens riches vont choisir leurs maîtresses ; le cas de séduction peut cependant exister, mais bien souvent la jeune fille est plus habile que l'homme et trouve au moins, comme résultat, le faux ménage avec la fortune et les allures du vrai — tout cela est fort mauvais, mais c'est la résultante de la société, et venir l'injurier ne sert à rien. D'ailleurs on ne peut faire de théorie générale et la question est complexe. L'homme est-il physiologiquement mariable avant l'époque où il se marie d'ordinaire ? Peut-il se marier en sortant du collége ? et le voulût-il, trouverait-il beaucoup de familles pour encourager ses projets ? Les questions de positions à acquérir ne viendront-elles pas encore compliquer la situation ? L'homme, avec nos idées, nos mœurs, qui remontent en somme aux temps fabuleux, peut-il garder jusqu'à vingt-cinq ou

trente ans ce qu'on appelle la robe d'innocence (1) ?
En un mot, faut-il, oui ou non, un vice facile à
l'usage de la jeunesse ? — Si l'on répond négative-
ment — que les économistes attaquent en face tout
ce qui, pauvre ou riche, porte la livrée de la galanterie. — Si on répond affirmativement — il est
clair que, sauf de rares exceptions, ce ne sera pas
dans les rangs fortunés qu'on trouvera des victimes,
si victimes il y a. C'est déplorable, mais il faudrait
peut-être accuser la nature avant la société,

Il nous semble injuste de représenter les hommes
instruits et bien élevés, qui ont pour eux « la jeunesse, l'esprit, l'élégance, l'argent, » comme des sé-
ducteurs inévitables, menant à mal les pauvres
filles vertueuses qu'ils rencontrent sur leur chemin.
Si l'on réclame le rôle de victimes infortunées pour
les femmes, il faut admettre en même temps un peu
plus d'honnêteté pour les hommes. — Certes il y a,
comme nous le disons, des séductions réciproques,
il y en a aussi de perfides, surtout dans la vie de
province où le désœuvrement est plus grand ; mais
elles sont moins fréquentes qu'on ne croit malgré

(1) Vertu chez les femmes, chez l'homme la sagesse est plutôt considérée comme niaiserie, — c'est parfaitement injuste, mais Balzac, dans
son roman *le Lys dans la vallée*, dit que par suite des idées assez singulières reçues dans le monde, si un jeune homme de vingt-cinq ans,
vierge, connu comme tel, se présentait dans un salon, on n'aurait pas
assez de sarcasmes à lancer contre lui ; il paraîtrait ridicule, tant les
idées de galanterie sont innées dans l'homme et passées dans les habitudes. Lorsque Socrate disait, en refusant Aspasie, qui se faisait largement payer : « je n'achète pas si cher un repentir », on le loue bien de
sa continence, mais on oublie qu'il était déjà d'un âge mûr, — jeune,
il eût peut-être tenu un tout autre langage.

le relâchement des mœurs, surtout peut-être à cause
de ce relâchement ; si les hommes se rappellent leurs
années d'études, celles postérieures à la sortie du
collége, qu'ils nomment ceux d'entre eux qui ont
sérieusement séduit des vierges vertueuses, la liste
en sera terriblement courte ; qu'ils nomment au
contraire ceux d'entr'eux qui ont été entraînés
vers le plaisir par les vierges folles réhabilitées ou
non, la liste en sera terriblement longue. — La
jeunesse masculine n'a pas souvent la persistance
machiavélique nécessaire pour mener à bout une
adroite séduction ; à un âge plus avancé, vers quarante ans, cinquante ans surtout, l'homme dresse
mieux ses batteries ; mais alors la fille séduite sait
fort bien ce que désire le vieux céladon, et ne traite
plus qu'une affaire.

Mais revenons au *Fils naturel.*

Par une sorte d'inconséquence, l'auteur a tenu à
faire de Jacques, l'enfant abandonné, un personnage influent ; aussi a-t-il dû, dès l'abord, lui
donner le plus puissant moyen de parvenir, la fortune. Pour demeurer intéressante, Clara devait
rester pauvre et abandonnée ; mais après le départ
de Sternay, elle trouve à recueillir un jeune poi-
trinaire qui l'aime ; tout se passe vertueusement,
mais si par hasard Sternay avait eu quelques re-
mords de sa conduite et s'il était revenu près de sa
maîtresse, il est probable que le choix de ce remplaçant lui eût semblé singulièrement adroit. —
Le jeune malade meurt rapidement en laissant sa

fortune à Jacques, et voilà de ce coup l'enfant naturel rangé, lui aussi, parmi ces hommes qui «'trou-
« vent la vie toute faite et dont l'oisiveté... etc. » La
situation de Clara, avec un enfant, mais avec une
grande fortune, n'est plus à beaucoup près aussi
intéressante; quant à son fils, ce premier heureux
hasard sera suivi de bien d'autres; tout lui réussit,
il devient enfin secrétaire d'un ministre. Son père
désire alors le reconnaître; ils discutent tous deux
les problèmes sociaux; ici, l'action marche peu et
ce plaidoyer au théâtre est extraordinairement froid,
d'autant plus que Jacques, arrivé à une haute
position, n'a pas à se plaindre du sort. Puis, à la
scène, ces discussions généreuses, qui prêchent la
réhabilitation de la fille séduite, sont évidemment
réduites à zéro par quelques phrases comme celle-
ci :... « Il n'y a famille que quand il y a alliance... »
c'est cruel, mais nécessaire, car il faut bien, pour
respecter la famille, lui donner le premier rang et
contraindre les rebelles à se conformer à ses exigen-
ces. D'ailleurs, au fond, toute revendication d'une
maîtresse, ou d'un enfant naturel, se fait au nom
de ces droits de la famille régulière qu'on attaque
et qu'on rétorque dans la bouche des autres. Au-
dessus de toute faute doit dominer la famille, nécessité naturelle et sociale, si bien sentie au reste,
que ceux qui flétrissent le séducteur, n'agissent
ainsi que parce qu'il ne forme pas avec la fille
séduite cette famille que l'on semble condamner
ailleurs en voulant l'amoindrir.

Les discussions à ce sujet, entre père et fils naturel, entre amant et maîtresse, pourront être pathé-
tiques, mais elles n'iront pas contre cette déduction
absolue que la famille doit être la plus forte, car
le jour où le fils naturel et la maîtresse auraient
mêmes droits que l'enfant légal et que l'épouse, à
quoi bon le mariage ?

La fille séduite est néanmoins à plaindre, nous
ne soutenons pas le contraire ; mais notre siècle a
un tort ; très-généreux, très-épris du malheur, il
cherche à protéger les victimes, notamment celles
sorties du droit chemin ; c'est un sentiment très-
humain ; aussi notre siècle réhabilite-t-il beaucoup
— toutefois il nous semble un peu trop oublier la
vertu, qui souvent est plus à plaindre que le vice
brillant ; si par hasard on attaque les femmes tombées, c'est avec des discussions, des restrictions, qui
atteignent vigoureusement cette vertu oubliée. Il
y a dans la vie des femmes vertueuses, mariées ou
non, des peines et des difficultés qui mériteraient
qu'on ne rompît pas toujours des lances en faveur
des situations irrégulières.

Puis il y a dans la vie une responsabilité terrible
dans l'enchaînement des faits, responsabilité qui se
transmet des ascendants aux descendants et qui
s'attaque à tout, fortune, santé, bonheur. Pourquoi
les vierges folles resteraient-elles seules en dehors
de la règle commune et ne supporteraient-elles pas,
comme les autres, les conséquences du passé ? Et
encore il est rare que le monde inflige une peine

aux enfants naturels. S'il agissait ainsi, il y aurait excès. Qui êtes-vous? Que valez-vous? Voilà le plus souvent la question que la société moderne adresse à l'enfant illégitime ; cette question est toute personnelle. On ne devra jamais faire à cet enfant un reproche de sa situation irrégulière, mais aussi, par respect pour ces droits de famille qu'il se plaint tant de voir méconnus en lui, il ne faut pas qu'il veuille imposer au monde le cercle irrégulier qui a pu l'entourer ; il y a là une nuance délicate dépendant de la situation, un échange de conciliation dans le monde.

Dans *le Fils naturel*, l'auteur a prudemment laissé dans la coulisse les parents de Clara, la mère femme de ménage, le père cantonnier. Le monde vivant de conventions, il faut respecter au moins celles qui portent sur la morale ; dans nos sociétés modernes, où la noblesse a baissé de valeur, où l'argent peut faire tout accepter, il faut au moins laisser une place à la vertu, et une place qui ne soit pas à la suite ; il y a un endroit « où la société finit, où la nature commence, » les intéressés sont mal venus à tracer la limite.

Le drame fausse les points de vue, car Sternay père n'est pas intéressant ; mais les lois qu'il invoque ne sont pas insensées. De la situation du père et du fils ne se dégage pas grande leçon ; le père a méconnu son fils ; à son tour celui-ci, arrivé sans grand'peine, l'appelle « mon oncle, » — c'est, à vingt-cinq ans de distance, un échange de mauvais procédés.

Sécheresse de sentiments, mauvaise conduite, famille désunie, voilà le tableau, moral par réflexion plus que par la discussion dramatique, que *le Fils naturel* expose devant les spectateurs.

Les vieux Garçons s'adressent, non au raisonnement, mais à la sensibilité. Dégagée des incidents parasites qui en font le charme, voici la pièce en peu de mots : De Mortimer, très-galant, très à la mode, a eu une liaison avec Mme de Rilly, il l'a abandonnée au moment où elle allait devenir mère ; il ignorait cette circonstance. Le fils a grandi, ne connaissant pas son père (la mère est morte) ; il a changé de nom. Mortimer a continué sa vie de désordre et s'attaque à la fiancée de Nantya (c'est le nom qu'a pris le fils de Mme de Rilly). Mortimer attire la jeune fille chez lui, mais la respecte, touché qu'il est de son ingénuité. Nantya le provoque, un duel se prépare. En rangeant de vieilles lettres, Mortimer tombe sur un billet touchant dans lequel une mourante lui recommande son fils ; aussi fort que Don Juan, Mortimer ne se rappelle pas quelle est la femme qui a écrit la lettre ; ses souvenirs confus ne lui rappellent rien de son ancienne maîtresse ; mais un accident imprévu, plaçant sous ses yeux le cachet de Nantya, semblable à celui qui ferme la lettre de l'inconnue, met Mortimer sur une piste qu'il remonte avec colère, croyant à une vengeance posthume ; au moment de se battre, il reconnaît que Nantya et Rilly ne font qu'un, et que devant lui est son fils. Il est insulté, presque frappé, il ne peut dire pourquoi il refuse le duel, ni qui il est.

Au fond, cet affreux Mortimer n'est pas plus féroce que ces vieux soldats, doux comme des enfants, et dont les grosses moustaches causent seules de la terreur, — c'est un de ces faux roués, pleins de bons sentiments, et qui doivent, pour la sensibilité du parterre, faire au Ve acte une volte-face complète. Il représente le célibataire vicieux et que l'on doit punir ; eh bien ! qu'arrive-t-il ?

Voilà un homme qui a oublié jusqu'au nom de la femme qu'il a aimée, qui a laissé son fils s'élever seul ; il est vieux, licencieux, s'ennuie de ne pas avoir de ménage, et ne pense qu'à chercher à établir son nid chez les autres, il érige même en principe ce goût peu moral, — puis, tout à coup, quand l'âge arrive, que la mère est morte de chagrin, voilà le fils qui adore son père, la bru, qui a failli être violée par lui, l'appelle petit papa chéri, — et mon coquin de célibataire, qui aura parcouru la vie, n'en cueillant que les vices agréables, verra lui tomber du ciel un foyer, une famille, de quoi soigner sa vieillesse égoïste ! Singulière morale ! mais morale voulue pour la sensibilité et la douce impression que doit causer le dénoûment.

Où la morale existe plus vigoureuse, c'est dans le rôle épisodique de Veaucourtois, vieux fou à demi-idiot, attaqué dans la moelle épinière, ramassant sur les grandes routes des bergères dépravées pour les lancer au théâtre, et que la folie imbécile vient saisir sur la scène, avec sa mémoire qui s'en va, sa bouche béante et ses bras en télégraphe. Il est vrai qu'on peut toujours se dire : j'esquiverai cette décadence.

Dans les deux pièces dont nous venons de parler, et par des moyens différents, au milieu d'attaques et de critiques dirigées contre le mariage, les auteurs ont été logiquement entraînés à considérer comme une peine la privation de la famille, et, comme une récompense, sa reconstitution.

III.

L'ADULTÈRE.

———

Deux courants principaux ont entraîné les esprits dans l'exposé, au théâtre, de cette péripétie
matrimoniale; l'un sérieux, l'autre bouffon. Comme
nous le verrons plus loin, de nos jours on vise au
sombre et au sanglant. Ce système fait un singulier
contraste avec l'indulgence affichée dans mille circonstances vis-à-vis des courtisanes, que l'on considère peut-être comme un dérivatif nécessaire. Il
est toutefois à remarquer que la plupart du temps,
quand le drame contemporain punit l'adultère, c'est
un peu affaire de forme; on considère presque toujours la femme comme une victime, avec assez peu
de raison selon nous, car de nos jours la femme
n'est jamais contrainte d'accepter un mariage qui
lui déplaît.

L'adultère a été de tout temps « apennage de mariage » et la liste serait longue des maris trompés :
Agamemnon, Ménélas, Claude, Chilpéric, Char-

les VI, Louis X, Henry IV lui-même sont là pour
le prouver.

Tous les maris ne prenaient pas leur situation
gaiement. Putiphar faisait emprisonner les galants
de sa femme, et on est autorisé à supposer que Jo-
seph dut avoir des prédécesseurs moins réservés que
lui. — Le sort de Candaule accuse une rigidité de
mœurs méritoire et en même temps fort bizarre ;
car s'il fut bien à Lyssia de n'avoir pas voulu se
montrer nue à deux hommes vivants, il lui eût été
aussi facile de faire tuer Gygès que son imbécile de
mari. — Urie ne fut pas un époux aussi commode
que tant d'autres, car David, pour s'en débarrasser,
fut obligé de le faire tuer dans les avant-postes.

Et cependant, dans ces temps anciens, la femme
esclave appartenait aisément à l'un ou à l'autre ; il
n'y avait pas adultère selon l'acception légale que
nous donnons à ce mot. Malgré cela, le respect que
l'antiquité manifesta pour Pénélope prouve toute
la valeur qu'on attachait à la vertu de la femme.
Ménélas arma la Grèce entière pendant dix ans,
pour venger les coups de canif qu'Hélène avait
donnés dans leur contrat de mariage, et ce fut le
plus bruyant de tous les maris trompés. Son infor-
tune, qui causa tant de calamités à la Grèce et à
Troie, nous a valu, selon le n° 3154 du catalogue
Soleine (sans compter bien des pièces oubliées ou
faites depuis), quatre Clytemnestre, trois Agamemnon dont un ballet, sept Iphigénie, quatre Oreste,
cinq Électre. Il est vrai que cette famille des Atrides

fournit, dans toutes ses nuances, la gamme de l'adultère avec ses plus sinistres conséquences; la confusion des crimes s'y accroît en raison directe de l'inconduite des femmes. — Voici la liste des personnages :

1° Atrée, grand-père d'Agamemnon et de Ménélas, roi d'Argos, voit son frère Thyeste séduire sa femme Europe; Atrée tue les deux enfants nés de l'adultère et les fait manger à Thyeste. Égysthe, fils de Thyeste, tua plus tard son oncle Atrée.

2° Thyeste, fils de Pélops et d'Hippodamie, frère puîné d'Atrée, séduisit (comme nous le disons) sa belle-sœur Europe; il éleva Égisthe pour sa vengeance, et Atrée tué, il monta sur son trône dont le chassèrent Agamemnon et Ménélas.

3° Agamemnon, fils de Plisthène, épouse Clytemnestre, sœur d'Hélène (dans cette famille la vertu ne constituait pas un lourd bagage). Parti pour Troie, il éprouva le désir de remplacer Clytemnestre absente par Briséis, pour laquelle de sanglants démêlés s'élevèrent avec Achille. A son retour Égisthe, devenu l'amant de Clytemnestre, le tue. — Plus tard, en revanche, Oreste, son fils, tua sa mère, à l'instigation d'Électre sa sœur. — Ajoutons qu'Agamemnon avait immolé sa fille Iphigénie.

4° Egisthe était le fils incestueux de Thyeste et de sa propre fille Pélopée (donc il était le frère de sa mère et le beau-frère de son père). Chargé par Agamemnon de l'administration de ses états, il lui prit d'abord sa femme, puis il le tua, — mais il fut tué à son tour avec Clytemnestre.

5° Clytemnestre, fille de Tyndare et de Léda, la femme au cygne, régna sept ans avec Égisthe en trompant son mari aussi complétement qu'il est possible. Oreste, son fils, la tua pour mettre fin à son inconduite.

6° Ménélas, frère d'Agamemnon, est encore, malgré son ridicule, le meilleur de tous; il fut brave et battit Pâris sous les murs de Troie.

7° Oreste, fils d'Agamemnon et de Clytemnestre, sauvé par Électre lors du meurtre d'Agamemnon, tue Égisthe et sa mère; devenu fou, il erre au travers du monde classique, et va en Tauride où il retrouve, suivant quelques-uns, sa sœur Iphigénie, massacrée au Ier acte de l'histoire de Troie. Il vit jusqu'à 90 ans, — ce qui lui donne le temps de voir se calmer les haines de famille et de récolter tous les États de ses parents que l'âge avait détruits jusqu'au dernier.

Démêler la parenté naturelle, adultérine, incestueuse de ces gens-là, présenterait au point de vue de la famille moderne les cas les plus compliqués; au-dessus de tous les drames où ils ont été mêlés surnage cette idée de la condamnation absolue de l'adultère.

Par un singulier phénomène, et malgré le développement du catholicisme, ces idées morales ne pénétrèrent pas dans les mœurs du moyen âge. Le *Roland furieux* est une mine de plaisanteries sur les maris trompés, *le Décaméron* renchérit encore, *les Cent Nouvelles* aussi; les joyeusetés, facéties, curiosités, petites pièces, pamphlets, sont pleins, du xii° au xvii° siècle, de toutes les plaisanteries possibles sur le mariage. Si par hasard il se rencontre un mari de mauvaise humeur, c'est l'exception.

Du viii° au xvii° siècle, on ne fit que rire de la catastrophe conjugale et le sieur de Fayel, qui fit manger à sa femme le cœur de Raoul de Coucy, son amant tué en Palestine, prouve, par la célébrité qu'il a acquise, la rareté même de l'intolérance des maris.

Rabelais a bien saisi ce côté licencieux de son siècle. Dans son chapitre xxviii, Frère Jean, réconfortant Panurge sur le sort qui l'attend s'il se décide à prendre femme, dit : « Il n'est c... qui « veut. — Si tu es c... ergo tu auras des amis beau- « coup, ergo tu seras sauvé. » — Suit une énumération qui indique le nombre énorme des maris trompés. — Quant à Rondibilis, médecin, avec son expérience, il trouve tout naturel que tout mari soit c...

Avait-on la langue plus leste que les mœurs ? en tous cas il était impossible que les mœurs fussent plus libres que la langue. Ce parti pris de rire de l'adultère continuera.

Molière résume fort bien les théories de son temps; bien qu'il souffrît beaucoup, dit-on, de la situation qu'il ridiculisait chez les autres, il en plaisantait. Il fallait plaire à la cour et surtout justifier et faire trouver toute simple, toute gaie, la position de tant de maris dont la fortune était proportionnée à la patience.

Chrysalde appelle cela « coup du hasard ; » Arnolphe fait le détail de tous les « cornards » du pays et exprime en d'autres termes ce qu'on a dit de notre temps : « L'adultère, comique chez les autres, « est sinistre chez soi. »

Sganarelle, l'École des Maris, Georges Dandin, le Mariage forcé, etc., sont pleins de plaisanteries contre les maris trompés. Un fait singulier et caractéristique, dans Molière, c'est que les paysans regimbent plus à être trompés par leurs femmes que les bourgeois et surtout que les grands seigneurs. — Voir pour preuve *Don Juan* et *le Médecin malgré lui ;* la société prenait de la moralité en s'éloignant de Versailles.

Lafontaine riait du mari trompé, de meilleur cœur que Molière ; il dit :

> *Qu'est-ce enfin que ce mal dont tant de gens de bien*
> *Se moquent avec juste cause?*
> *Quand on l'ignore ce n'est rien,*
> *Quand on le sait c'est peu de chose.*

C'était l'opinion de ses contemporains. *Joconde, le C... battu et content, la Fiancée du roi de Garbe,* sont la preuve de cette morale fort indulgente ; une seule fois Lafontaine punit durement le passe-temps galant avec les femmes mariées ; c'est dans les *Frères de Catalogne* ; il fait rôtir ceux-ci dans leur couvent ; mais ce n'est point le

moraliste qui châtie, c'est l'esprit caustique et ran-
cunier persécutant les moines et daubant à tour de
bras sur les *frocards*. La morale de Lafontaine
consiste dans l'insouciance du fait, c'est celle qui
clôt sa charmante comédie de la *Coupe enchantée*.

Au xvii° siècle et au xviii° aussi, le coc.... fut
fort bien porté; les maîtresses de cour firent pros-
pérer leurs maris, et l'exemple venant de haut,
pareilles mœurs s'étalèrent un peu partout; les
poëtes, depuis Benserade jusqu'à Gentil-Bernard,
aiguisèrent leurs *envois* pour féliciter les heureux
de la galanterie.

Avec le xviii° siècle cependant surgirent les idées
philosophiques, qui imposèrent aux mœurs au
moins l'apparence d'une sévérité meilleure. *La
Mère coupable* n'eût rien signifié avant l'époque
où elle fut jouée; une mère coupable! cela n'existait guère; on était légère, et voilà tout, dans la société élégante et corrompue qui, en passant par
la Régence, avait succédé à celle de la cour de
Louis XIV. Il fallut Rousseau et la série des philo-
sophes de l'Encyclopédie pour reconstituer la
famille moderne.

Est-ce à dire qu'il n'y avait pas de vertu! il y en
avait, mais elle ne tenait pas le haut du pavé,
encore moins dans le monde qu'au théâtre.

Avec la Révolution, il se fit une réaction, et le
gai coc..... devint l'adultère, un gros mot né avec
le Code civil, et un gros mot gros de grosses conséquences. Le sérieux vint et l'aspect changea.

L'ancien esprit gaulois n'est pas mort toutefois;
dans les vaudevilles modernes, il est tout-puissant;
et l'apparition d'un mari au-dessous d'un bois de
cerf est une plaisanterie qui ne manque jamais son
effet. Elle est si bien considérée comme classique,
que, même à l'étranger, le Français est sûr d'entendre plaisanter sur les cornes, et en Sicile même,
les marchands qui vendent les magnifiques cornes
des bœufs italiens, ne manquent jamais de parler
mariage en offrant leur marchandise aux touristes.

Balzac fut le dernier romancier qui s'égaya aux
dépens du mari trompé; son chapitre des *Compen-
sations*, dans la Physiologie du Mariage, est resté
un modèle d'esprit et de bonne humeur, digne
d'être comparé aux meilleurs chapitres de Rabelais.

Les petits théâtres mettent néanmoins une certaine réserve dans l'exposé de l'adultère; il est
rare qu'ils étalent devant le public l'adultère
certain et inévitable. *Le Tigre du Bengale*, où le
mari emmène le futur et encore innocent adorateur de sa femme dîner au Bœuf couronné, et *le
Plus heureux des Trois*, où l'adultère est carrément établi dès les premiers mots, sont de rares
exceptions; le plus souvent les petits théâtres laissent apercevoir la probabilité du galant dans le
ménage, mais ils s'arrêtent là.

Après ces premiers mots, examinons les appré-
ciations portées sur l'adultère par quelques auteurs,
et les théories mises par certains d'entre eux sur la
scène.

1º ADULTÈRE CONDAMNÉ.

Nous trouvons d'abord : L'adultère condamné par le fait lui-même ou par les résultats qu'il amène dans le présent et dans l'avenir.

Georges Dandin (1668) sous sa forme bouffonne est extrêmement triste ; le plus cruel de la situation c'est que le père et la mère de Sotenville ne voyant rien, trouvent, confits dans leur noblesse, qu'en somme G. Dandin, humilié, n'a que ce qu'il mérite ; ce dernier est le plus honorable de tous les personnages ; il gémit de son sort et parle d'aller se jeter à la rivière, au rebours de tant de gens qui auraient vécu joyeusement à sa place. Quant à Angélique, si c'est là le portrait d'une fille de condition sous Louis XIV, il n'est pas à la gloire de l'éducation du temps, — c'est une franche coquine, et pour elle « mieux vivre à l'avenir » signifie que son mari devra la laisser sans obstacle se livrer à ses intrigues galantes.

L'adultère, dans cette comédie, n'est pas puni ; au contraire, il triomphe ; mais le malheur qu'il laisse entrevoir en constitue la condamnation positive.

Plus d'un siècle après, au milieu de la joyeuse série des Figaros (1797), Beaumarchais écrivit *la*

Mère coupable, résultat prévu au reste dans quelques scènes du *Mariage*, par la coquetterie de la comtesse avec son page. A tous deux l'occasion seule manquait et le xviii° siècle était encore trop vivace pour que la pupille délurée de Bartholo fût devenue une honnête femme, — puis le monde était là avec ses habitudes : Monsieur d'un côté, Madame de l'autre, encombrant chacun à qui mieux mieux la maison avec les enfants nés de leurs fredaines.

Dans un voyage rapide, peu de temps avant sa mort, Chérubin a revu la comtesse; celle-ci semble avoir cédé un peu à la violence, mais violence plutôt morale que physique; en accourant à Astorga, l'ancien page était certain de rencontrer bon accueil. De cette visite mystérieuse, il est résulté un enfant, Léon, que le comte exècre; il reporte sa tendresse sur sa pupille, Florestine, qui n'est autre qu'une fille qu'il a eue lui-même dans une infidélité conjugale sur laquelle l'auteur ne s'explique point. Ces deux enfants illégitimes ont été élevés ensemble et une réplique du comte explique cette tolérance; il avait eu d'abord un fils légitime mort jeune et il dit : « ... que me faisait cet autre individu ?

« ... Mon froid dédain, un nom de terre, une croix de Malte, « une pension, m'auraient vengé de sa mère et de lui... »

C'est ainsi qu'il craignait l'adultère, non à cause de son bonheur intime, mais à cause de son nom et de son héritage. Toutefois il y a plus de vingt ans que l'infidélité de la comtesse a été commise ; une vie de repentir et d'expiation a usé la colère du comte qui pardonne. D'ailleurs Léon et Florestine s'aiment, et se marieront. Là existe un point délicat ; il faut que l'adultère de la comtesse soit bien évident, bien indépendant de son ménage, pour que ces deux enfants soient réellement étrangers l'un à l'autre ; le code civil, avec ses règles de cohabitation possible, s'opposerait certes à pareil dénoûment. Remarquons aussi que, dans ce dénoûment heureux, le comte ne pardonne le passé qu'en souvenir de la vertu d'autrefois et des premiers beaux jours de son union ; le mariage honorable cherche à s'affirmer au théâtre même dans cette intrigue où l'adultère tient grande place.

De nos jours *la Fiammina* (Th. Français, 1857) s'attaqua aux conséquences de l'adultère vingt ans après la faute. C'est une pièce importante, en ce sens que les personnages sont pleins de convenance, même ceux qui furent naguère coupables.

Fiammina était la femme du peintre Lambert ; elle a quitté le domicile conjugal, éblouie par la vie de théâtre et s'est faite cantatrice ; Lambert, resté seul, élève son fils et remplace la mère, morte pour la famille. Fiammina vit avec G. Dudley, pair d'Angleterre ; elle a formé avec lui une de ces liaisons relativement convenables et sur lesquelles le monde ferme les yeux, — on veut bien les croire mariés.

Henry Lambert aime Laure Duchâteau, fille

d'un amateur forcené de musique qui va recevoir
Dudley et sa prétendue femme. Le mariage projeté
entre les deux jeunes gens est rompu quand on découvre que Mme Lambert et la Fiammina ne sont
qu'une seule et même personne. — Henry provoque
Dudley qui n'a d'autre tort que d'avoir enfoncé une
porte ouverte, et voilà deux hommes honorables
exposés à périr pour une femme déclassée. Épou-
vantée de ces complications, Fiammina accourt
chez Lambert; puis, comme il faut en finir, survient aussi lord Dudley, qui sauve sa visite trop
hardie par quelques paroles de bon sens, où il expose
que tous portent la peine d'une fausse situation,
résultat, dit-il, d'une lacune dans la loi, puisque le
divorce n'existe plus; — il quittera Fiammina;
celle-ci, à son tour, pardonnée par son fils, ira,
seule, vivre dans la retraite, — dénoûment raisonnable et fort admissible sans qu'il soit besoin de
rejeter sur le silence des lois la responsabilité de
l'inconduite d'une femme légère.

Dans *les Effrontés* (Th. Français, 1851), l'adultère est moins sombre; il y a comme un reflet des sé-
parations amiables du xviiie siècle : Mme d'Auberive
est une belle dame qui n'est ni trop honnête, ni trop
mariée, « mais qui a des ménagements à garder...
« ce n'est pas la morale des évangiles, mais c'est
« celle du monde... » Cependant cet état de femme
séparée a ses déboires; impertinemment plaisantée
par un jeune étourdi, grossièrement insultée par un
effronté spéculateur, Mme d'Auberive est trop heu-

reuse que son mari abandonné vienne lui offrir le bras... ce quï amène un raccommodement, — les époux, comme M. et Mme Denis, seront deux vieux tisons qui ne brûleront plus, mais fumeront.

Ici l'adultère n'engendre pas de gros cataclysmes ; les apparences sont sauves, — on y sent une de ces situations simplement tolérées, qu'un éclat, un rien, peut cependant faire choir dans le demi-monde ; entre une liaison admise et une déchéance complète, il y a une ligne de démarcation bien fine qu'un caprice, même de la part des indifférents, peut transporter en deçà ou au delà, sans qu'en apparence les intéressés changent de position. Malgré le repos relatif que Mme d'Auberive goûte dans son élégance demi-galante, elle ne s'y trompe pas et regrette plus d'une fois le calme qu'elle eût goûté au bras d'un mari vieux et honoré. Mais aussi cependant, obéissant à un travers singulier et perpétuel du vrai monde, elle n'est pas fâchée d'être traitée comme si elle était tout à fait du demi, — c'est ce qui arrive à trop de femmes qui, même honnêtes, font concurrence aux *cocottes* (puisque le mot est adopté) et copient si bien leurs robes, leurs coiffures, leur maquillage, leur langage, etc., qu'un Parisien seul peut ne pas s'y tromper... et encore (1). Heureuses celles qui, sur

(1) A propos de la tendance de certaines femmes du monde à imiter les femmes galantes, il y a une scène fine et spirituelle dans la comédie *la Contagion*, de M. Augier.

La marquise Galéotti, jeune femme sage mais excentrique, poussée par ce désir singulier, assez fréquent, de connaître la personne, le mobilier, la toilette, les bijoux. les secrets des demoiselles du demi-

3.

cette route, s'arrêtent à temps et ne deviennent pas
des lionnes pauvres.

La lionne pauvre est une variété de la femme
adultère mise à la scène en 1858. Les satires vi-
goureuses, écrites ou représentées sans intention li-
cencieuse, sont les meilleurs cautérisateurs du mal;
il n'y a donc aucun inconvénient à laisser jouer une
vive critique des plaies trop connues, d'autant plus
que cette censure répond à un besoin légitime de la
conscience publique. Après les tripotages d'argent
sont venues les pièces où l'on *éreintait* boursiers,
banquiers, et faiseurs, — après les dithyrambes
destinés à régénérer les courtisanes, sont venues
les volées de bois vert du *Mariage d'Olympe*, —
après les phrases ampoulées en faveur de l'adultère
sont venues *les Lionnes pauvres* (Th. du Vaudeville, E. Augier et E. Foussier), attaquant non-
seulement cet adultère, mais surtout aussi le luxe
malsain et de mauvais aloi de certains ménages.
Cette comédie parut choquante à beaucoup d'esprits
qui ne se rendent pas bien compte en quoi consiste
l'immoralité au théâtre. La moralité d'une pièce
dépend de la leçon que la réflexion en tire, sans

monde, fait venir Mlle Navarette pour lui demander quelques conseils
sur son jeu dans une pièce d'un théâtre de société.

Voulant mettre Navarette à son aise, la marquise fume, rit et singe
les allures d'une cocotte. Navarette, au contraire, pleine de convenance
prend le rôle que la grande dame n'eût pas dû quitter.

Étrange chassé-croisé! inspiré par la curiosité malsaine de quelques
femmes pour les scandales d'en-bas, curiosité qui engage le demi-
monde à monter encore et à envahir une société qui trouve amusant de
chercher à se rapprocher de lui et à l'imiter à peu près en tout.

avoir égard à la marche du drame et surtout au dénoûment : — souvent un dénoûment immoral
n'empêche pas que la pièce soit morale et récipro-
quement un dénoûment moral ne change rien à
l'immoralité du sujet. Nous appelons ici moral ce
qui est conforme aux mœurs honnêtes sans exagération, immoral ce qui tend à sortir de cette limite.

Le dénoûment surtout n'a aucune influence,
ou, pour mieux dire, ne devrait avoir aucune influence sur la leçon à tirer du drame ; mais trop de
spectateurs ne s'attachent qu'à ce dénoûment et
font abstraction du reste. Ainsi *Diane de Lys*,
pièce immorale d'intrigue, produit, malgré son dénoûment moral, un effet immoral. — *Les Idées de
Madame Aubray*, pièce morale, produisent cependant, avec un dénoûment immoral, un effet moral.
— *Julie*, pièce immorale, malgré son dénoûment
moral, produit un effet immoral. L'impression
produite doit être tout à fait distincte des éléments
dramatiques; il faut même encore se tenir en garde
contre les goûts et la sensibilité du public et regarder au delà de l'action, penser au quatrième ou au
sixième acte, si la pièce en a trois ou cinq. — Ainsi
deux époux adultères se réconcilient, pense-t-on au
joli intérieur que cette réconciliation fera à ces
époux ? un vieillard épouse une jeune fille, c'est
un dénoûment qui peut sembler extrêmement convenable, pense-t-on à l'avenir qui peut être réservé
au ménage ? — Nous pourrions citer un grand nombre d'exemples de ce genre; mais, pour revenir aux

Lionnes pauvres, disons que cette comédie, immorale d'intrigue et de situations, produit sur l'esprit un excellent effet.

Pommeau, déjà vieux, et demeuré par modestie simple premier clerc de notaire avec 12,000 francs d'appointements, a épousé Séraphine, qui mène la vie à grandes guides ; il adore sa femme qui ne l'aime pas. — Ce ménage fait opposition avec celui de Lecarnier, avocat, chez lequel la situation est retournée, et où Thérèse Lecarnier, pupille de Pommeau, adore son mari qui ne la paye pas de retour. Au milieu de l'action, circule Bordognon, le sceptique, qui dit à chacun la vérité en riant. L'auteur, avec un esprit gaulois, ne semble pas trop condamner l'adultère de Séraphine en présence de l'âge du mari, mais il stigmatise l'adultère payé, celui des femmes qui, pour soutenir leur luxe, reçoivent de l'argent de leurs amants, — adultère non encore mis à la scène, et que Lesage évita d'attaquer dans *Turcaret*, en faisant de la Baronne une veuve problématique.

Pommeau est, au reste, un mari aussi niais que l'époux traditionnel au théâtre, — celui que tous les auteurs comiques ont dessiné ; il est bête à brouter de l'herbe ; il ignore le prix de n'importe quel objet ; il s'imagine qu'on trouve presque pour rien un service d'argenterie marqué à son chiffre, qu'une femme va seule aux courses pour voir les chevaux, qu'on rencontre de splendides volants en dentelle d'Angleterre pour 1,500 francs !

— Vertueux et piocheur, il semble mis au monde pour tenir l'emploi de ces chevaux de fatigue qui écrasent les cailloux des routes pour les jolis animaux à pieds sensibles qui ne les en remercieront seulement pas. Bordognon, au flair parisien et subtil, n'attend pas longtemps pour distinguer la cocotte payée dans Mme Pommeau, vice fréquent à notre époque, vice qui fait que l'adultère simple peut passer pour vertu... relativement ; il y a en effet une immense différence entre ces deux époques : celle où « le mari paye dix centimes les petits pains d'un sou, » et celle où « le mari paye un sou les petits pains de dix centimes. »

Comme tout vice vît aux dépens d'une vertu, le ménage Pommeau est engraissé de l'argent de Lecarnier, qui refuse tout à sa femme et emprunte même au clairvoyant Bordognon pour payer Séraphine. Des papiers perdus dans un coupé, une note de modiste (150 fr. pour un chapeau, un vrai souffle de brise !) dévoilent l'intrigue à tous les yeux, sauf à ceux de Pommeau, qui est bien, comme disent les clercs de l'étude : « un principal, un maître clerc invétéré, une espèce de crétin qui mourra dans la cléricature finale... » Les bruits du monde ne lui apprennent rien, et, dans sa naïveté stupide, il laisse arriver le moment où sa femme est prête à se vendre au premier venu... pour 10,000 francs ; c'est cher !

Le pire de ces situations adultérines c'est la promiscuité inévitable des domestiques, marchandes, etc. — Il y a notamment une de ces dernières, à côté de laquelle Mme La Ressource, de classique mémoire, semble une rosière municipale. Jeune et accorte, elle révèle tout à Pommeau, lui ouvre les yeux et lui apprend qu'on n'a rien pour rien. Cet élément, qui, armé de factures, vient dénouer la situation, existe toujours dans la vie des Séraphines sous le nom de couturière, de modiste ou de lingère; les promesses sur les successions à venir ne suffisent pas; vient un moment où la liquidation doit se faire, et comment? De là à la prostitution pour payer les notes, il n'y a qu'un pas, et c'est ce que, malgré la vertueuse innocence de Pommeau, le drame établit carrément. Pommeau quitte sa maison, laissant la misère pour châtiment à Séraphine, qui, dans un mois, sera fille entretenue, dans dix ans tiendra un tripot, et dans vingt ans mourra à l'hôpital. Frappé au cœur, Pommeau ira s'éteindre seul pendant que le ménage Lecarnier verra aussi son intérieur troublé pour l'avenir.

Pommeau mourant de douleur est touchant et peut-être vrai, — mais le public en a tant vu qui vivent de l'adultère, qu'il est devenu un peu sceptique. Le mari semble ici puni et la femme triomphante? il faut, pour comprendre la vraie morale du drame, une réflexion dont tout esprit n'est pas aisément capable; il faut comprendre que la vertu malheureuse est plus grande que le vice prospère.

Après les *Lionnes pauvres*, une seule pièce,

dans le théâtre contemporain, nous semble avoir attaqué de front l'adultère sans vouloir l'excuser, ni le justifier, sans le placer, comme trop souvent, au milieu de détails qui le rendent charmant; c'est *le Supplice d'une Femme* (E. de Girardin, Théâtre français, 1865), pièce nette, courte, qui a stupéfié le public habitué à plus de ménagements, et a attiré sur elle les foudres de bien des gens qui consentent à ce qu'on parle d'amour, d'amant, de maîtresse, d'adultère, mais à la condition qu'on ne leur donne de tout cela que des dessins de fantaisie et qu'on n'exhibe pas sur le théâtre la vérité probable d'une situation.

Si l'on retranche du *Supplice d'une Femme* le rôle de Mme de Larcey, il reste quoi ? la trilogie immortelle ridiculisée par Paul de Kock, le mari, la femme et l'amant — avec en plus un enfant, chose encore fréquente malgré la diminution du nombre des naissances, chose qui n'a l'air de rien, dont on ne se préoccupe guère dans l'adultère au théâtre, bien que souvent ce soit cet enfant qui, dans l'avenir, fils ou fille, petit-fils ou petite-fille même, en arrive à supporter parfois la responsabilité de la faute de ses ascendants.

Rien de plus intime que le drame. — La femme a épousé son mari sans l'aimer, et, par un singulier esprit de contradiction, elle s'aperçoit qu'elle l'aime le jour où elle le trompe, soi-disant par reconnaissance envers celui qui donne sa fortune pour son mari. Dans ce drame à trois personnages,

surgit une idée qu'on n'a pas osé aborder franchement au théâtre comme trop scabreuse : la jalousie
de l'amant contre le mari. Le roman de Fanny a
risqué cette analyse et a remporté le succès des
audacieux, mais le livre admet ce que repousse la
scène ; à la représentation il est resté : un mari
confiant — un ami faux et acharné comme amant
— une femme excédée de cet amant, une vraie
martyre de l'adultère. Mathilde dit à ce dernier qui
la poursuit de son amour :

« ... Vous parlez de vos tortures ! Quelle existence m'avez-
« vous faite ! et combien de fois n'ai-je pas songé à mourir
« pour y échapper !... »

elle n'a plus rien à elle et n'est plus qu'un objet
dont le mari et l'amant se disputent tour à tour la
possession ; elle en vient à haïr son amant et à
regarder comme un réel supplice l'obligation où
elle se trouve de lui dire : « Je t'aime ». Dans la vie
adultérine, la femme coupable n'a pas souvent ainsi
le sentiment de sa faute, et louvoie fort bien dans
les corridors d'une fausse situation.

Sur le point d'être dénoncée par une femme de
chambre, car il y a là aussi la complicité forcée des
domestiques, Mathilde préfère tout écrire à son
mari, qui d'abord ne comprend pas ; — ce qu'il devrait surtout ne pas comprendre, c'est qu'elle ait
jamais été honnête ; là est en réalité le nœud de
l'adultère : — une femme qui trompe son mari a
toujours été, même avant sa faute, disposée à pren-

dre le chemin de traverse ; le cas de viol seul pourrait expliquer une chute involontaire, mais alors on
n'attend pas, comme Mathilde, sept ans pour le
dire.... en recommençant chaque jour. Après une
discussion trop longue pour la scène et dans laquelle le mari repousse successivement, comme
moyen de châtiment, le duel, la séparation judi-
ciaire et se refuse en même temps à pardonner,
il ordonne : que l'amant reprendra l'argent qu'il a
apporté de manière à passer aux yeux du monde
pour avoir volontairement ruiné son ami, — que
sa femme se retirera chez sa mère en déclarant
qu'elle ne veut pas supporter la misère avec son
mari, — et enfin que sa fille, qu'il sait ne pas être
de lui, restera cependant avec lui parce que lui seul
est honnête dans la maison.

L'enfant, au reste, se jette dans les bras de son
père légal et le préfère d'une façon inconsciente à
tout autre. Sa mère reviendra-t-elle ? — « Peut-
être ! » réplique le mari ; car c'est le pire de ces
ménages mauvais, les morceaux en subsistent toujours, et rien ne peut garantir qu'une femme, même
vicieuse, ne rentrera pas tôt ou tard au bercail conjugal à la faveur du pardon, du temps ou de l'oubli.

Ce drame est, selon nous, très-moral, il indique
« qu'en dehors de la fidélité réciproque, il n'y a que
complications inextricables... » Il souleva toutefois
de violentes récriminations ; les femmes surtout
s'indignèrent. Pourquoi ? Vertueuses, elles n'a-
vaient rien à y voir ; vicieuses, se trouvaient-elles

trop cruellement punies ? On préfère généralement
l'adultère romantique, passionné, le mélodrame
avec sang et poison, impossible ou fort rare dans la
vie ordinaire, à la vérité qui laisse à chacun le
loisir de faire un retour sur soi-même. Toutes les
pièces où la femme coupable est trop nettement
condamnée sans la poésie de la passion, ont fait
pousser au public féminin les mêmes cris d'indignation, que ce soit *le Supplice d'une Femme, le
Mariage d'Olympe* ou *les Lionnes pauvres.* Que
doit-on en conclure? Le nombre des femmes légères est-il assez considérable pour que la condamnation de l'adultère soit difficilement admise au
théâtre? Ou y a-t-il trop de femmes vertueuses
ignorant assez ce que c'est que l'inconduite pour
ne pas comprendre la gravité des complications que
cet adultère peut entraîner? Il faudrait se réjouir
de ce dernier point s'il était plus probable que le
précédent. On a tout réhabilité depuis cinquante
ans ; on pourrait donc s'occuper de la vertu, — et
comme cette dernière, mise à la scène, est rarement
intéressante, car les existences honnêtes prêtent peu
au développement des incidents dramatiques et les
qualités intimes n'offrent pas des péripéties bien
empoignantes, on ne peut guère défendre ladite
vertu qu'en attaquant carrément les vices, c'est ce
qu'avait fait *le Supplice d'une Femme* (1).

(1) Dans *la Princesse Georges* (Th. du Gymnase, 1871), l'auteur
discute non la punition de l'adultère de la femme mais celle de l'adultère du mari.

Dans *le Sphinx* (Th.-Français, 1874) M. O.
Feuillet punit l'adultère, mais d'une façon bien
bizarre. M. de Chelles, officier de marine, forcé de
partir pour une station maritime, a laissé chez lui,
aux soins de son père, amiral, sa femme jeune,
belle et passionnée. Dans le château de Mme de
Chelles, ou tout à côté, habite sa sœur d'adoption
avec son mari. Ce dernier, malgré le sentiment du
devoir, devient amoureux de Mme de Chelles, qui
partage sa passion; mais celle-ci lutte contre son
entraînement sinon par devoir, du moins par respect pour le bonheur de sa sœur; elle va jusqu'à
vouloir se faire enlever pour échapper à la chute
inévitable qu'elle entrevoit. Tout cela se passe au
nez du brave amiral, homme à cheval sur le devoir,
qui se croit toujours à son bord, maître absolu, et
qui déclare hautement que, dans le cas où Mme de
Chelles, sa belle-fille, manquerait à la foi conjugale,
il la tuerait de sa propre main.

C'est la question renversée, et c'est la femme qui agite ce problème :
elle se demande si elle, femme, n'a pas le droit de faire tuer son époux
qui la trompe. — Au moment d'envoyer ce dernier à un rendez-vous
où elle sait qu'un mari jaloux et prévenu le frappera à mort, l'amour
l'emporte et la princesse Georges pardonne l'adultère comme s'il s'agissait d'une simple école buissonnière.

L'idée était cependant originale, mais le public n'eût certes pas admis
une femme se faisant justice elle-même, et l'auteur aura reculé devant
un dénoûment trop logique et trop sanglant.

La condamnation du mari résulte néanmoins très-nette et très-expli-
cite des circonstances du drame, tout comme dans *la Visite de Noces*,
l'auteur condamne aussi l'amant, après une comédie assez singulière que
joue la femme, comédie qui la rend ce nous semble peu intéressante.
Quand on s'incarne si bien dans la peau d'une fille, on est bien près de
l'être réellement.

Cette menace n'empêche pas les amants d'être
l'un à l'autre, et sans que l'amiral s'en aperçoive.
Mais comme il faut la sanction du drame, Mme de
Chelles s'empoisonne, moins par peur de son beau-
père que pour ne pas troubler plus longtemps le
ménage de sa sœur.

Quelle singulière idée! Le ménage de cette sœur
sera tout aussi perdu qu'auparavant. Puis la terreur qu'inspire l'amiral ne semble pas devoir être
prise au sérieux. On a beau vouloir tuer, cela n'est
pas aussi facile qu'on le pense; le mari seul peut
avoir ce droit, et ne peut le déléguer à un parent,
fût-il père et amiral. — Enfin, une agonie par un
horrible poison, pour une jeune et belle femme coupable seulement d'aimer un pseudo-beau-frère,
nous semble un châtiment terriblement cruel.

Pourquoi ces inégalités dans ce drame? Parce
qu'il n'est que le remaniement pour la scène d'un
roman court, mais vigoureux, du même auteur :
Julia de Trécœur. Dans le roman il ne s'agit pas de
belle-sœur d'adoption, de beau-père surveillant la
femme de son fils. Une mère encore jeune s'est re-
mariée; sa fille devient éperdument amoureuse de
son beau-père. Après avoir tenté de le ravir à sa
mère, voyant l'inutilité de ses efforts, Julia se précipite, à cheval, du haut d'une falaise dans la mer.

La situation d'une fille amoureuse du mari de
sa mère était trop difficile à mettre au théâtre; —
l'auteur a modifié la situation tout en laissant le
châtiment aussi dur. — Aussi qu'est-il arrivé? on

s'intéresse à la femme coupable et on la plaint en somme de la cruauté de son supplice, sans ressentir aucune sympathie pour un mari absent et inconnu.

Naguère encore, le théâtre du Gymnase, dans *le Filleul de Pompignac* (1869), a exposé une des mille physionomies de l'adultère et de ses suites. Vingt-cinq ans après la faute, le père vrai et le père légal se retrouvent en présence ; le mari a élevé l'enfant qu'il sait depuis quinze ans ne pas être de lui ; il le déteste ; — le père naturel n'a jamais vu son fils et l'aime modérément. Un serment refusé dévoile tout au mari jusqu'alors hésitant dans ses soupçons. Après un imbroglio de duel, l'enfant se trouve entre deux pères : celui de la nature et celui de la loi, — c'est vers ce dernier qu'il se précipite. Chose peut-être logique, mais qui doit faire peu de plaisir au mari, qui ne pensait tout à l'heure qu'à envoyer l'enfant adultérin se faire tuer à la guerre lointaine, et qui aujourd'hui, par affection forcée, se voit embobiné pour toujours d'un garçon qui n'est pas de lui et dont la présence lui rappelle la faute de sa femme et son malheur de vingt années.

La pièce repose sur un article du code, et c'est une matière trop subtile pour faire un effet puissant au théâtre. Il y a cependant une situation dramatique. Le mari va se battre avec le colonel séducteur, dans le passé, de la femme qui est morte ; le fils adultérin veut se battre à la place du mari :

impossible, car il n'est pas son fils et le colonel ne
peut pas se battre contre celui qu'il a mis au monde ;
ce dernier ne peut non plus se laisser tuer par lui
et en faire un parricide. D'autre part, si le colonel
tue le mari, le fils pourra vouloir venger son faux
père sur son vrai père. — Si le colonel est tué par
le mari, le jeune homme trouvera donc naturel que
son vrai père soit tué par son faux père. C'est une
péripétie fort intéressante mais compliquée ; elle a
besoin de trop d'explications juridiques pour cons-
tituer à la scène une situation nette et réellement
dramatique ; au théâtre la passion seule réussit, la
discussion laisse le public très-froid.

Qu'y a-t-il donc de démontré dans cette pièce ?
que le vrai père est celui qui soigne et élève l'enfant,
même mal et à contre-cœur, même en le détestant,
et que le père naturel, qui plante un enfant dans
un sol conjugal et court ensuite le monde avec insouciance, n'est pas digne de ce nom? rien de
mieux ; nous avons déjà vu *le Fils Naturel* répondre à son père : « Adieu, mon oncle. » Mais
c'est une singulière façon d'excuser un adultère ou
de l'oublier, que de se charger de l'enfant qui en
est résulté. C'est encore un dénoûment qui, sans
en avoir l'air, conclut contre le mariage, et il faut
que ce dernier ait, comme dit Gubetta dans *Lucrèce
Borgia*, à propos de la queue du diable, « l'âme
« soudée, chevillée et vissée à l'échine d'une façon
« bien triomphante pour résister à l'innombrable
« multitude de gens » qui lui portent des coups

chaque jour, même en condamnant l'adultère. —
Qu'est-ce donc quand, ainsi que nous allons le voir,
le sujet des drames ou les détails qui l'entourent,
cherchent à excuser cet adultère.

Examinons à présent :

L'adultère justifié au nom de la passion ou comme dédommagement normal du malheur en ménage, le tout assaisonné de théories sociales.

En première ligne des œuvres militantes, nous citerons *Antony* (Al. Dumas et aussi, disait-on, E. Souvestre! 1831, Porte-Saint-Martin) ; ce fut un des grands succès du xixᵉ siècle, et aujourd'hui encore, à la lecture, nous ne disons pas à la représentation, le drame est des plus intéressants malgré le style ampoulé de certaines parties et le ton déclamatoire général de l'œuvre.

Antony, ou le Bâtard fascinateur comme on disait alors, pouvait épouser Adèle; il n'a pas demandé sa main, ce moyen de la posséder était trop simple et Adèle a épousé M. d'Hervey. Depuis trois ans Antony est à l'étranger et il écrit des lettres cachetées de cette devise : *Adesso e sempre;* il revient, mais Adèle redoute sa présence; aussi charge-t-elle son amie Clara de le recevoir à sa place et elle sort. Qu'importe, il y a un Dieu pour les amants comme pour les ivrognes, les chevaux d'Adèle s'emportent, un courageux inconnu les arrête, et bien entendu

4

cet inconnu n'est autre qu'Antony, — arrêter les
chevaux emportés a été longtemps la spécialité des
amants romantiques, — Antony est blessé, on le
dépose chez Adèle, — c'est le destin !

C'est le destin ! ce mot que nous écrivons en
riant est cependant le vrai; Antony nous semble
boursouflé, mais au point de vue de la passion, ce
drame est admirablement fait et d'une logique irré-
futable, — c'est réellement le destin qui agit, et
l'auteur a apporté dans la marche de l'action une
décision, un enchaînement tels qu'on pense au fa-
tum antique ; les faits arrivent, pourquoi? parce
qu'ils ne pouvaient être autrement.

Antony accuse le monde de sa douleur; mais
Adèle est à lui d'avance, elle ne songe même pas à
lutter; — ce n'est pas la séduction, c'est l'équilibre à
peine conservé vis-à-vis de la chute; c'est, comme
dans un cirque, la certitude que le gymnaste va
tomber. — Seulement, quand, où et comment tom-
bera-t-il? tout le drame est là; aussi Adèle s'écriait-
elle avec raison en tombant assise sur le bras d'un
fauteuil : « Mais je suis perdue ! moi !! » Elle veut
fuir, mais Antony est là, lui, homme inconnu, enfant trouvé, maudissant le monde, mais par l'amour
« né pour tous les rangs, appelé à tous les états »...
il arrivera au terme de son existence sans avoir deviné « si la vie est une plaisanterie bouffonne, ou
une création sublime. »

Il y a trois choses dans les récriminations d'Antony :

1º La misanthropie d'un caractère sombre voyant juste sur certains points, amour, amitié, et, au fond de tout, l'indifférence absolue des uns pour les autres déguisée par la forme.

2º Un reproche immérité à la société d'avoir condamné sa mère pour une faute: — c'est juste châtiment, — si l'on pardonne l'inconduite, à quoi servira la vertu ?

3º Un reproche tombant à faux à propos de la prétendue responsabilité que le monde impose aux enfants trouvés ou naturels, — cette responsabilité n'existe pas toujours, — que les parents souffrent d'une faute, bien, mais que les enfants en soient les victimes inévitables, rien ne serait plus injuste. Reste la question du nom. Antony n'en a pas. Il gémit de sa situation; mais eût-il eu un nom obscur, son humeur eût été la même,—qu'il s'agisse d'enfant légitime ou d'enfant naturel, dans la société la plus démocratiquement constituée, celui qui s'appellera Bredouillot ne réussira jamais aussi bien que celui qui s'appellera comte de Rubempré.

D'ailleurs Antony nous semble mal venu à se plaindre du monde. — Il a de la fortune, car il voyage en poste en 183., et paye son domestique 100 fr. par heure quand il l'envoie courir après M. d'Hervey; il ne fait rien, — or un enfant trouvé, riche, élégant, oisif, aimé d'une femme belle et noble, ne nous semble pas très-malheureux; il est orphelin, c'est vrai, mais tant d'autres n'ont plus ni père ni mère, et ont encore la misère pour

apanage. Antony appartient par excellence à cette
race de héros de roman, inconnus, beaux, jeunes,
riches, intelligents, peintres, sculpteurs, littérateurs
à la fois, musiciens, faisant des armes, montant à
cheval, irrésistibles au moral comme au physique,
amants de femmes accomplies, et malgré cela maudissant le ciel et la terre, pourquoi ? parce qu'ils
n'ont pas une famille que, vu leurs qualités trop
exceptionnelles, ils s'empresseraient de ne pas voir
si elle leur tombait des cieux.

Grâce à sa puissance séductrice inévitable, Adèle
sera à lui ; sa loi, c'est la passion. — « Partez, dit-
il, restez, fuyez, je vous veux, je vous aurai ! » —
De son côté, Adèle ne parle nullement de son mari,
et ne « peut penser qu'à *lui.* » Enfin Antony la
rencontre dans une chambre d'auberge, et la prend.
— Il n'y a pas viol, puisqu'il n'y a pas de résistance.

On voit que ce drame diffère d'une façon caractéristique des pièces de notre temps (1). Le théâtre
d'alors met la passion en scène sans discuter — des
actes, des faits — le nôtre discute et met tout en
tirades. Cependant Antony a commencé les théories
à la scène ; comme sa passion constituait un phénomène exorbitant, l'auteur a dû prendre ses précautions et chercher à plaider la cause de son héros
dans une scène spéciale du IVᵉ acte. C'est publi-
quement qu'Antony, attaquant l'hypocrisie mon-

(1) Certains drames semblent cependant revenir un peu à ce système
de scènes courtes, nettes et brutales. *Julie* par exemple, et *le Sphinx*.

daine, cherche à justifier l'adultère (il est vrai qu'on insulte méchamment sa maîtresse). Supposez, dit-il :

« Une femme innocente et pure, au cœur aimant, candide, « méconnu, »

puis une autre femme dont l'adresse seule fera la moralité, et qui abusera lâchement de son adresse pour tuer la réputation de la première,

« Des deux femmes la première sera compromise, non par « défaut de vertu, mais par défaut d'habitude. »

(*Antony*, c'est l'adultère social et raisonné, comme *Henry III et sa cour*, c'est l'adultère pittoresque ; les deux pièces forment ainsi deux pendants très-curieux à examiner à ce point de vue).

Rappelé par les rumeurs du monde, M. d'Hervey, qui n'a encore rien su, arrive ; il faut fuir, car Adèle ne cherchera pas à mentir, — mais au moment du départ le souvenir de sa fille la fait hésiter, — elle eût mieux fait d'y songer plus tôt. Pendant les débats des amants le temps passe, le mari survient, on entend sa voiture s'arrêter, le marteau de la porte-cochère retomber, puis, comme un commandeur en habit noir, M. d'Hervey monte lentement l'escalier, — alors, sur sa demande, Antony poignarde sa maîtresse et dit au mari qui entre : « Elle me résistait, je l'ai assassinée ! » C'est une niaiserie que cette phrase, car tout le monde sait pertinemment dans l'entourage de M. d'Hervey, à quoi s'en

tenir sur les relations d'Antony et d'Adèle, mais
cette phrase, au point de vue dramatique, était une
superbe trouvaille; elle eut un tel succès que pendant longues années elle servit de texte à mille
plaisanteries (1).

C'était le temps des gros drames passionnés.

L'adultère fut encore monstrueusement exposé
dans *la Tour de Nesle* (Porte-Saint-Martin, 1832);
— Gauthier d'Aulnay est capitaine et amant de la
reine Marguerite, mais cela ne suffit pas; il faut à
celle-ci des inconnus à la tour de Nesle, et Philippe, frère de Gautier, s'y rend avec Buridan;
Philippe marque la reine au visage, d'où suit le
drame que l'on connaît.

Ah ! le théâtre n'y allait pas de main morte !

Christine à Fontainebleau, une reine faisant mas-
sacrer son amant. — *Le Roi s'amuse,* un roi de
France courant les tripots de bas étage. — *Lucrèce
Borgia,* la sœur d'un pape empoisonnant des am-
bassadeurs. — *La Tour de Nesle,* une reine de
France et ses sœurs faisant raccoler dans les cabarets des compagnons d'orgie, — tout cela c'était au
reste gros et bons drames où la passion se dévelop-
pait librement, et comme, nous le disions, non en
théories, mais par des faits. Il était aussi de mode
d'établir des antithèses violentes : l'orage et l'orgie,

(1) Une des meilleures est celle-ci. Un jour que par suite d'un brou-
haha dans la salle le public n'avait pas compris le dénoûment, une tem-
pête s'éleva demandant une explication, — on n'avait pas entendu, on
voulait savoir, — Adèle se releva alors et prenant la parole : « Je lui
résistais, dit-elle, il m'a assassinée! »

« étrange concert où Dieu et Satan font chacun
leur partie. » La célèbre tirade des grandes dames
sent la Révolution et le Socialisme, elle frappe sur
les vices des riches :

> « ... Ce sont de grandes dames... elles nous ont fait cher-
> « cher dans la nuit par une femme vieille, voilée, qui avait
> « des paroles mielleuses... Elles nous ont accueillis avec
> « mille tendresses... Elles se sont livrées à nous sans détours,
> « sans retard, à nous... inconnus et mouillés de cet orage.
> « Vous voyez bien que ce sont de grandes dames!... à table,
> « elles se sont abandonnées à tout ce que l'amour et l'ivresse
> « ont d'emportement et d'oubli... elles ont oublié toute re-
> « tenue, toute pudeur... oublié la terre, oublié le ciel... Ce
> « sont de grandes dames... de très-grandes dames... je vous
> « le répète... »

Les conséquences tirées par Buridan pourraient
se discuter, mais, telles quelles, elles faisaient un
prodigieux effet ; peut-être sont-ce des excès nécessaires au développement de l'esprit, excès qui don-
naient un relief tout spécial au mot qui termine le
II° tableau, quand Philippe, frappé à mort et voyant
Marguerite se démasquer devant ses yeux, murmu-
rait: « Marguerite de Bourgogne, reine de France ! »
et quelle reine ! au milieu de ses orgies elle court
les cabarets avec les sceaux de l'État dans sa poche,
et a commencé sa vie en assassinant son père.
Toute la pièce cherche, au reste, à ridiculiser le
pouvoir: Le roi Louis X rentre à Paris, il augmente
les impôts, et aussitôt le peuple de crier : Noël !

Mais que l'on veuille bien comparer ce répertoire
violent, avec sa rare puissance, au répertoire des

Etienne, des Collin d'Harleville, etc.; qu'on le
compare encore, comme valeur littéraire, à celui
des vieux dramaturges, Pixérécourt et ses collaborateurs, cependant fort habiles, et l'on ne pourra
s'étonner du prodigieux succès souvent mérité de
ce qu'on a appelé l'école romantique. S'adressant
aux classes populaires, les gros drames d'ailleurs
devaient avoir une allure plus brutale ; sauf dans
la satire qui doit fouetter vigoureusement, l'art
demande pour être apprécié une culture d'esprit et
des ménagements particuliers ; le drame est un premier échelon, et la séve puissante des œuvres exagé-
rées du temps qui nous occupe était nécessaire pour
relever le théâtre gracieux, mais un peu essoufflé,
qui les avait précédées.

Les idées indulgentes vis-à-vis de l'inconduite
de la femme firent un chemin rapide. Au théâtre et
dans le roman, une théorie se forma, celle de l'é-
mancipation de la femme mariée, et en même temps
que les auteurs se plaisaient à noyer l'adultère dans
le sang, ils tentaient la justification de cet adultère
en l'attribuant au mauvais assortissement des
époux dans le mariage. Tous les torts venaient
du mari, la femme devait donc posséder un amant
doué des qualités les plus exceptionnelles pour lui
faire oublier les défauts du monstre imposé par la
loi ; ce dernier doit même parfois se résigner à la
puissance irrésistible de l'amour, et *Jacques*, dans
le roman de ce nom (G. Sand), mari rêvé, mari
modèle, se précipite dans un glacier pour ne plus
gêner les expansions de sa femme et laisser la place
libre aux deux tourtereaux.

Nous croyons que toutes ces théories sociales,
épouses sacrifiées, maris inintelligents, amants in-
compris, âmes qui se cherchent, etc., ne purent
avoir qu'une détestable influence sur les mœurs
d'un certain public.

Avec le temps, la façon brutale d'exposer les faits

4.

de la passion s'adoucit ; l'art devint plus adroit ;
sans justifier l'adultère on l'entoura de détails charmants, et, tout en rendant le mari plus digne, on
ne le fit pas plus supportable pour son infortunée
compagne. L'exemple fut tout aussi pernicieux,
même quand la faute fut suivie d'un châtiment
mérité.

Voici par exemple *Diane de Lys* (A. Dumas fils,
Gymnase, 1853) ; c'est une pièce qui, bien que
punissant d'une façon sanglante l'adultère de la
femme, bien que faisant du mari une personnalité
digne, a tellement entouré cet adultère de passion,
d'esprit, de charme, qu'elle semble plutôt l'apothéose de l'adultère, et l'on dirait que ce n'est que
pour la morale finale et nécessaire que le mari,
armé par la loi non d'un droit absolu, mais d'une
excuse admissible, vient mettre le holà aux dépor-
tements de celle qu'il a épousée.

On voit ici un peintre, Paul Aubry, l'artiste séduisant disparu depuis *une Chaîne*, voué à l'amour
d'une grande dame bizarre, dévorée d'une curiosité
malsaine pour les petits mystères des ateliers, pénétrant chez un garçon comme chez elle, se délectant
comme un chat qui boit du lait à l'idée qu'elle
commet une imprudence, rêvant peut-être avec
volupté que son mari pourra la tuer ; c'est une
courtisane emprisonnée dans la peau d'une femme
du monde. Elle reçoit son amant chez elle à deux
heures du matin et roucoule avec lui les phrases de
la passion jusqu'à ce qu'ils tombent dans les bras

l'un de l'autre dans une salle d'auberge ; puis enfin,
à la nouvelle fausse du mariage de son amant, elle
vient le relancer jusque chez lui. — Là, le mari tue
Paul Aubry et emmène sa femme... où ? à Charen-
ton s'il est logique ; car Diane n'est qu'une folle,
bien que l'auteur veuille en faire un type exceptionnel, produit d'une éducation fantaisiste. —
Mais c'est un type charmant, dangereux, car chaque
femme, en se croyant à son tour une exception,
peut la prendre pour modèle.

Diane de Lys est à la fois l'excuse et la condamnation de l'adultère. — C'est l'excuse, par l'attaque du mariage, par la proposition du divorce ; le
divorce ne serait peut-être pas une mauvaise idée,
mais à ce seul point de vue, c'est que la plupart des
femmes légères n'étant plus forcées de rester dans
le devoir, sachant qu'elles peuvent être libres, de-
meureraient alors honnêtes, rien que par esprit de
contradiction. — C'est la condamnation de l'adultère par l'aspect des fausses positions qui dégradent
la femme et relèvent au contraire le rôle du mari.
Ce dernier représente la famille et la loi, c'est bête
si l'on veut, mais c'est tel que l'a fait la société, et
si la femme, comme Diane de Lys, se donnait, pour
trouver le bonheur intérieur, la peine qu'elle prend
pour courir les aventures, elle le rencontrerait sans
nul doute. Mais la femme tyrannisée par le mariage plaît au public, l'amant est toujours plus attrayant que le mari, et nous nous souvenons des
récriminations soulevées contre le comte de Lys

parce qu'il tuait Pierre Aubry d'un coup de pistolet. Qu'eussent donc dit les femmes si le comte eût
tué Diane de Lys ? il pouvait être légalement excusé. Tuer une pauvre femme! quelle horreur !!
c'est vrai, mais en somme c'est ce quasi-droit du
mari qui retient sur le bord de la faute bien des coupables d'intention, désireuses de le devenir davantage, et s'il disparaissait de nos lois, cent mille
petites dames de plus, le soir même, à Paris seulement, jetteraient probablement leurs bonnets par-
dessus les moulins (1).

La Pénélope normande (A. Karr, Vaudeville,
1860), nous offre un couple mal assorti, mais dans
lequel le mari comme la femme se dispensent de
ces réserves mondaines, si bien ménagées dans
Diane de Lys. Pénélope par antiphrase, Noémi

---

(1) Dans deux autres pièces de M. A. Dumas on trouve d'un côté la
punition de la femme, de l'autre une indulgence complète vis-à-vis de
sa faute.

Dans *la Femme de Claude*, l'épouse coupable est tuée par le mari.

Dans *M. Alphonse*, l'épouse coupable est pardonnée. Ici le mari
nous semble même dépasser les bornes de l'indulgence possible, sa bonté
est excessive. — Sa femme l'a trompé, et avant son mariage elle a eu
une enfant, une fille alors âgée d'environ dix ans. Que dit le mari à
cette nouvelle qui tombe sur lui comme la foudre ? Ses paroles peuvent
se résumer ainsi : « Eh bien, mon amie, amenez l'enfant, elle sera ma
fille! » C'est ce qui a lieu. Si l'on voulait prendre la situation en riant,
cette bonté conjugale serait bien près du grotesque. Mais le caractère
du mari est digne et fait passer son excentricité.

Dans le théâtre de M. A. Dumas, mine inépuisable d'observations,
d'esprit, de réflexions justes ou fausses, on trouve de tout : condamnation, absolution de la femme coupable, condamnation, réhabilitation des
courtisanes, — on dirait parfois que semblable à la lance d'Achille, il
guérit d'une main les blessures qu'il fait de l'autre, et venge ici la société du mal que ses théories ont pu lui faire ailleurs.

est la femme supérieure à son milieu, ne pouvant
se faire à la réalité de la vie et couper ses ailes
d'ange pour s'occuper du ménage. Hercule, son
mari, rude marin, part pour faire fortune, laissant
naïvement sa femme à garder à Anthime Férouillat,
son ami, qui n'a rien de plus pressé que de la
prendre pour lui ; mais il doit sentir le goudron
comme Hercule, et Noémi a besoin d'avoir près
d'elle un jeune élégant pour lui parler meilleur
langage ; il lui faut non-seulement l'intrigue, mais
le nombre ; René de Sorbières se rencontre à propos. Lors de son retour, Hercule, mis au courant
par une vieille servante, fait tuer René par Anthime, auquel il enseigne un bon coup de sabre,
puis il tue lui-même ce dernier ; il y a du Peau-
Rouge dans ce mari, et encore la pièce adoucit les
caractères. Dans le roman d'où elle est tirée, Hercule tue à l'américaine, dans une île de la Seine,
près le Havre, son ami Anthime, il tue ensuite
René, et, non satisfait encore, il frotte le visage de
sa femme avec du vitriol et la défigure pour toujours.

La condamnation de l'adultère résulte ici de ce
que, pendant que Noémi le trompait, Hercule lui
gagnait une fortune dans les pays lointains ; il faut
dire que si, dans la vie privée, il était aussi brutal
qu'à la fin du drame, il pouvait y avoir des circonstances atténuantes à l'inconduite de la femme.
Mais le mari a le beau rôle, il abandonne son or et
retourne à la mer qu'en sa qualité d'ours il n'aurait

pas dû quitter. Au fond, quel est l'effet produit sur le public ? L'amant et la femme sont intéressants, on plaint les victimes, et l'adultère, tout condamné qu'il est, se trouve excusé.

A côté de ces adultères, qui portent avec eux une certaine morale directe, qui font envisager leurs conséquences fâcheuses, qui châtient parfois les coupables, il y a un certain nombre de pièces qui exposent tout simplement, sans en tirer aucune leçon, l'adultère vicieux, choisi uniquement comme incident dramatique.

Le Chandelier, d'A. de Musset, est le type du genre. On appelle chandelier, l'auteur en donne lui-même la définition, un faux amoureux destiné à donner le change aux soupçons du mari, et « der-« rière ce mannequin commode se cache le mys-« tère heureux..., l'amant discret et la très-inno-« cente amie, couverts d'un voile impénétrable, se « rient de lui et des curieux. » Dans un petit cadre, *le Chandelier* renferme un gros adultère bien combiné, bien corsé ; dès la première scène le public sait à quoi s'en tenir. Jacqueline est la femme qui aime le militaire; on peut être un moment dupe de ses récriminations à maître André, son mari, mais ce dernier sort, elle ouvre une armoire et le beau et fort Clavaroche, capitaine de dragons, y est aperçu plié en morceaux pour y tenir moins de place.

Gracieuse de forme, la comédie est affreusement immorale, comme le plus souvent, selon nous, les œuvres de Musset (et c'est ce qui a le plus contribué à son succès). Jacqueline ne se contente pas du dragon, il lui faut un jeune clerc Fortunio, et elle installe deux amours au foyer conjugal ; elle agit ainsi touchée, dit-elle, par la passion de celui qu'elle n'a d'abord choisi que comme un jouet, mais en somme, à la facilité avec laquelle elle s'est donnée à Clavaroche, on présume qu'il ne lui est guère malaisé de faire le bonheur d'un nouvel amant. Maître André est destiné à avoir toujours un commensal. Il n'y a donc ici aucune punition de l'adultère, même aucun jugement défavorable porté contre lui ; c'est la substitution d'un amour nouveau à un amour qui passe ; la morale est absente du dénoûment comme de la pièce (1).

Une des habitudes de notre théâtre est de jouer avec l'adultère, de faire côtoyer la chute à des femmes excédées de leurs maris. Entre une femme qu'un simple jeu de scène, un scrupule, retiennent sur le bord du précipice, et celle qui va jusqu'à la chute, il n'y a guère de différence. Un exemple frappant de ce système existe dans *Nos Intimes* (Vaudeville, 1861). Maurice, soigné par Cécile, s'est, bien entendu, enamouré de sa garde-malade. Les conversations brûlantes s'engagent, sous prétexte d'ar-

---

(1) Il en est de même dans *la Petite marquise*, dont nous avons déjà dit un mot, et dans laquelle la colossale sottise du mari installe presque de force l'amant dans son intérieur.

dente amitié, puis un beau jour arrive la scène
XIII° du III° acte où, nouvel Antony, Maurice
met les clefs dans ses poches, crochète les serrures,
casse les sonnettes et se dispose bel et bien à violer
à peu près Cécile, qui n'a d'autre ressource que de
fourrer adroitement son amant sur un balcon et de
fermer la fenêtre. Mais ce n'est là qu'un jeu de
scène ; si l'amant ne va pas sur le balcon, Cécile
succombe et au fond on ne sait trop si ce n'est pas
cela qu'elle désire. Nous nous méfions de ces vertus
soi-disant solides qui se laissent ainsi acculer ; et la
vertu qui ne doit pas être la niaiserie doit voir venir
le loup de plus loin. Mais avant tout il faut le succès
un peu scandaleux pour le public qui aime ces
petits tableaux passionnés. Les émotions qui as-
siégent la femme, coupable d'intention autant qu'il
est possible, doivent sembler délicieuses, faire vivre
et donner simplement le désir de recommencer ou
de commencer à mordre au fruit défendu ; le théâtre défend d'exposer cette théorie, mais la pièce
l'indique et là est l'immoralité de l'intrigue, car le
public s'habitue à ces petits excès licencieux comme
les ivrognes à une eau-de-vie poivrée.

Et le curieux, c'est qu'on admette qu'une héroïne
semblable à Cécile puisse devenir ensuite honnête
femme ! Qu'on se rappelle la logique serrée des
pièces de Beaumarchais ; des coquetteries avec Chérubin naîtra l'adultère de la comtesse Almaviva ;
les héroïnes comme Cécile, qui ne valent pas Ro-
sine, tomberont rapidement dans le vice. Là est

leur avenir certain, grâce à leurs amitiés compro-
mettantes.

Ces amitiés nous amènent à celui de tous les
adultères qui nous semble le plus immoral et le
moins ménagé, c'est celui de *Julie* (O. Feuillet,
Th. Français). *Le Supplice d'une Femme* montrait
une intrigue de longue date devenue intolérable ;
ici c'est une amitié ancienne que les deux amis ne
peuvent soutenir et qui tourne à la galanterie sur
le tard ; la vertu pèse à ceux-ci comme le vice à ceux-
là. L'amant doit avoir quarante-cinq ans au moins,
il a été soldat et a vu grandir les enfants, car l'héroïne a des enfants, une fille de seize ans et un fils
à l'école navale ; elle a dix-sept ou dix-huit ans de
ménage et ne peut avoir moins de trente-six à
trente-huit ans ; pour expliquer cette folichonnerie
tardive il y a, il est vrai, *la Crise,* — pièce du même
auteur, qui émet la théorie que toute femme, à un
certain âge, désire vivement mordre au fruit défendu, — mais *Julie* n'en reste pas moins bien près
du cynisme. Puis l'adultère résultant d'une pluie,
l'Enéide transportée dans la banlieue de Paris, la
grotte de Didon changée en loge de garde-concierge,
tout cela n'a rien de poétique. Étrange idée de
M. Feuillet, écrivain d'ordinaire laissé aux jeunes
filles et contradicteur de Mlle de la Quintinie de
G. Sand ! Les moyens employés sont ceux du 'gros
mélodrame ; une maladie de cœur foudroyante remplace seule l'antique phthisie légendaire. Le sujet
nous semble plus immoral que tous les *Demi-Monde*

et *Idées de Mme Aubray* dont la jeunesse, l'illusion
des personnages, une certaine générosité dans les
idées faisaient passer les mauvaises tendances. Autre
singularité encore! M. Al. Dumas fils condamne
l'adultère au théâtre par les résultats si ce n'est par
les détails, et l'auteur de *Julie* admet la crise même
chez une femme honnête; cependant la femme
honnête, qui attend vingt ans pour choir ou avoir
envie de choir, n'a jamais été honnête; sa vertu est
comme ces pouvoirs vermoulus qui ne subsistent
que de nom, et que l'absence d'un étai fait tomber
en poussière.

Julie nous suggère encore une observation. Les
ingénues dans notre théâtre contemporain semblent se ressentir du bouleversement des théories
matrimoniales. Elles deviennent ultra-sérieuses, se
moquent des jeunes gens, et conservent leur cœur
pour les hommes qui ont la quarantaine, elles y
sentent une affection calme. En jugeant les filles
d'après leurs mères, on serait tenté de croire qu'elles
sentent dans ces unions la fortune faite et la liberté
du scandale pour dix ou quinze ans plus tard. C'est
un curieux phénomène que la raison mûre donnée
aux petites demoiselles au lieu de la tendresse irré-
fléchie de leur âge; la fille de Julie aime l'ami de
son père, amant de sa mère, — mère folle, fille calculatrice et le père entre elles deux, quel joli intérieur! Ces jeunes filles sages et pompeuses comme
des douairières, nous font regretter les jeunes premières du théâtre du Gymnase, elles portaient des

tabliers de pensionnaires, mais elles avaient les idées fraîches et aimaient les jeunes gens de leur âge.

Quant à l'adultère présenté sans cesse sombre et inévitable, il nous semble qu'on pourrait y mettre quelque trêve. D'ailleurs si entre l'amour, fait naturel, et le mariage, fait social, on admet des discussions, ce ne peut être que dans le cas où il s'agit de passions vraies et par conséquent fort rares; la plupart du temps ces récriminations contre les chaînes légales ne servent qu'à masquer un léger ou un fort penchant au désordre. C'est ainsi que dans *Frou-Frou,* pièce pleine de détails charmants, l'adultère n'est plus qu'un coup de tête soumis à un accès de colère, — puis l'adultère, gai chez les autres, est fort triste chez soi et en somme le mariage est encore ce qu'on a trouvé de mieux. Il y a, à ce propos, une excellente boutade dans la problématique pièce de *l'Ami des Femmes* :

« ... Des hommes très-intelligents ont cherché le moyen
« de transporter... de la vie à la mort... les sociétés désor-
« données et tumultueuses. Le mariage est un de ces moyens
« de transport dont personne n'a encore trouvé l'équivalent.
« Quand vous descendez de chemin de fer en pleine cam-
« pagne, vous montez dans l'omnibus qui attend à la sta-
« tion. On est un peu les uns sur les autres, on est secoué,
« on se fait du mauvais sang; mais on s'y habitue, on s'en-
« dort, et on arrive pendant que les autres se fatiguent et
« se perdent dans les mauvais chemins. Faites comme tout
« le monde, prenez l'omnibus, »

dit Leverdet, vieux savant, auquel le mariage a

peu réussi; c'est vrai et juste sous une forme comique.

Enfin, si on ne peut faire de théâtre sans adultère, revenons au cocu classique, gai, riant, moqué
et content. Le répertoire actuel ne nous offre-t-il
pas *Le plus heureux des Trois*, où le vieux cocu
gaulois réapparaît avec son indifférence, avec la
gaieté des situations; il est vrai que là il n'y a pas
d'enfants, qu'il y a abstraction complète du code, et
qu'au fond il y a une idée triste, la colossale bêtise
du mari, bêtise fatigante. Mais le *Tigre du Bengale*
(Brisebarre, Marc-Michel, Pal.-Royal, 1849), quel
rire ! Pont-aux-Choux est jaloux à mourir, il a
épousé une jeune femme en secondes noces; la première Mme Pont-aux-Choux lui disait :

« ... Ne regarde pas cet écrin, c'est une surprise que je te
ménage... »

« — J'ouvre et je trouve... quoi! un capitaine de cuiras-
« siers en miniature!... Ah! j'avoue que je fus surpris...
« mais péniblement!... »

Aussi Pont-aux-Choux craint-il tout, surtout un
voisin qui ne pense nullement à sa femme. Rideau
ouvert, rideau fermé, pot de fleurs, signal, absence
de signal, tout lui semble suspect et de tout il tire
les conséquences les plus jaunes. Son rêve, c'est de
trouver sa femme coupable tout en redoutant énor-
mément ce résultat; il porte en poche pistolets et
poignards et la Physiologie du mariage pour tendre
ses traquenards; — il part en voyage, et revient
subitement parce qu'il a oublié son mouchoir.

Pendant ce temps, le naïf Cerfeuil, le voisin soupçonné, attiré par les manœuvres du mari, vient
plusieurs fois innocemment; chaque fois il oublie
une canne, et Pont-aux-Choux s'écrie : « Ah ! je
crois que la journée sera bonne pour Némésis ! » Il
y a surtout un mot excellent; c'est quand le jaloux
ayant déroulé et développé péniblement un long
peloton de laine où il espère trouver la preuve de
l'infidélité de sa femme, s'écrie : « Chou blanc...
je serai plus heureux une autre fois ! » Puis, sans
s'en apercevoir, il installe Cerfeuil chez lui et, pour
que le public comprenne bien, ils vont tous dîner
au Bœuf couronné.

Ces pièces, où l'on ridiculise les maris et non le
mariage, ne sont pas évidemment des lectures destinées aux rosières, mais nous pensons que leur
influence n'est point pernicieuse comme celle de ces
pièces à grands sentiments où le mariage est représenté sous les couleurs les plus odieuses comme règle
et où la famille n'existe que de nom, sans honneur.

IV

LA COURTISANE.

———

La Courtisane est vieille comme le monde, et ce fut par une spirituelle analogie qu'on fit apparaître dans l'exposition des *Filles de Marbre* du xixᵉ siècle les courtisanes de la Grèce.

Dans le théâtre antique, ces dernières furent souvent mises en scène; la vie des femmes honnêtes a fourni peu de types, et le théâtre observait une grande réserve vis-à-vis d'elles, — cependant les comédies de *Lysistrata* et des *Harangueuses*, la première surtout, ne donnent pas une haute idée de la retenue des femmes grecques.

Le renom accordé à quelques courtisanes indique quelle devait être l'importance de cette classe admise ouvertement; à côté des généraux de la galanterie, il y avait évidemment aussi beaucoup d'officiers inférieurs; cependant on ne trouve pas un courant d'idées portant vers la réhabilitation. — Il pouvait y avoir grand étalage de luxe et de richesses, mais

jamais, même à l'époque où Socrate allait chez
Aspasie, on ne cherche à donner aux courtisanes
une place au foyer domestique.

A Rome, il semble déjà voir paraître un peu plus
d'avidité matrimoniale chez les femmes légères,
mais les diverses espèces de mariages tenaient souvent lieu de situations équivoques ; et si la matrone
respectée formait toujours classe à part, le nombre
des femmes à réhabiliter diminuait à proportion
du nombre des mariages inférieurs, qu'on pourrait
appeler de qualité moins bon teint.

La courtisane était représentée dans le théâtre
latin sous mille formes, esclave, affranchie, cliente,
indigène ou étrangère ; son luxe était poussé parfois
très-loin, et on n'a pas encore vu sur nos théâtres
une fille recevoir en cadeau, comme la Phronésie
du *Truculentus*, deux esclaves syriennes naguère
reines dans les pays orientaux.

Pour le domaine moral, on trouve la courtisane
honnête dans la *Mostellaria*, et la courtisane las-
sée, dégoûtée de son métier et amoureuse, dans la
Cistellaria et dans l'*Asinaire*. On n'épousait pas
encore les courtisanes, on les admettait comme
clientes.

Du reste, l'exemple célèbre de la Madeleine montre quelle importance eut la courtisane dans le
vieux monde et le courant qui portait déjà vers le
pardon. Rien de mieux, mais remarquons toutefois
que la Madeleine va au désert et ne se fait pas
épouser.

C'est l'Inde qui, à peu près à la même époque, nous offre un exemple de réhabilitation par l'amour, dans le *Chariot d'Enfant*, du roi Soudraka.

Tcharoudaka, ancien puissant ministre disgracié, est soupçonné d'avoir commis un meurtre sur Vasantazena, courtisane, dans le but de lui prendre ses bijoux. Le prince Samsthanaka, frère du rajah, et son complice Sarvillaka (rôle bouffe), sont les assassins ; Vasantazena, qui n'est pas morte, vient disculper celui qu'elle aime, et le sauver d'un singulier tribunal absolu qui semble viser à la caricature de la justice du temps.

Vasantazena, poursuivi par Samsthanaka, lui avait échappé en se réfugiant chez Tcharoudaka, exilé ; la courtisane aime en lui sa vertu malheureuse, et son amour la fait, à la fin, recevoir comme « sœur » par Métraya, femme de Tcharoudaka, — soit comme deuxième épouse, concubine presque légale. C'est une réhabilitation qui n'aurait pas d'équivalent dans nos mœurs, mais grande déjà pour les castes indiennes.

La pièce du *Chariot d'Enfant* (qui doit son nom à un petit jouet qui paraît un instant seulement dans les mains du jeune enfant de Tcharoudaka) est une œuvre dont le génie dramatique semble sinon français, du moins européen-occidental, et accuse l'origine commune de race attribuée par la science aux peuples Indo-Européens; mais le langage dramatique est tout différent de l'idée,

5

et la forme s'opposerait au succès de ce théâtre ; les
noms seuls des personnages d'ailleurs seraient un
obstacle, — on a dit des noms polonais qu'on les
éternuait, que dirait-on de ceux ci-dessus ?

Arrivons d'un bond à notre théâtre classique.
Chez Molière nous ne trouvons pas de courtisane
de profession. Frosine de *l'Avare* n'est qu'une ancienne galante, peu favorisée de la fortune. — La
marquise Dorimène, du *Bourgeois gentilhomme*,
qui se laisse régaler par Dorante chez un bourgeois
qu'elle ne connaît pas, au risque d'être rabrouée
par Mme Jourdain, touche de près à la femme entretenue, à la fois veuve et demoiselle, mais ce n'est
pas une courtisane.

Il est étonnant que les auteurs du xviie siècle
n'aient pas mis en scène plus franchement cette
catégorie galante ; les mémoires de Bussy Rabutin,
ceux de Tallemant des Réaux prouvent que la matière ne manquait pas. Il semble qu'ils aient obser-
vé vis-à-vis du public une réserve voulue que
n'ont pas continuée les auteurs qui les ont suivis.

Le répertoire du xviiie siècle a connu la Baronne
de *Turcaret*, — puis le xixe siècle a amené d'abord
au théâtre la Grisette qui n'était autre chose que la
courtisane en herbe, poétisée, assez sottement
selon nous, par la chanson. — Enfin est venue la
passion échevelée du romantisme avec ses excès, —
mais nulle part on ne trouve la vraie courtisane,
comme celle que notre théâtre contemporain a
mise en scène, avec ses discussions de responsa-

bilité, avec ses théories de réhabilitation. Nous
avons vu de ces courtisanes en si grand nombre
que le public devrait en être excédé, et cependant nous pensons que leur règne dramatique,
loin d'être près de finir, ne fait guère que commencer. Plus on ira et plus on leur donnera d'importance, car plus on va, plus elles en prennent dans
le monde ; une indulgence banale s'habitue à les
rencontrer partout, au théâtre, dans les promenades, et chacun se fait peu à peu à leur fréquen-
tation.

Les auteurs ont exposé à la scène des courtisanes
de toutes les sortes , dans toutes les situations sociales possibles : la courtisane franche et dépensière
comme Marco, — l'économe comme Albertine, —
l'honnête, la criminelle, Esther et Fanny Lear, —la
courtisane fatiguée du bien, Olympe, celle fatiguée
du vice, Marguerite Gautier, — amoureuse et voulant se réhabiliter, toutes, depuis *Marion Delorme*
jusqu'à Suzanne d'Ange du *Demi-Monde*. On en a
vu sur la scène opérant dans la diplomatie, le commerce, les arts ; faisant des ventes de mobilier,
jouant la comédie, tenant le jeu, s'occupant de ban-
que et de spéculations. Elles constituent un monde
complet, parfaitement organisé, dont nous allons
examiner quelques personnages.

Mais toute cette diversité dans l'unité n'a abouti
qu'à créer deux courants dramatiques, mettant
chacun le vice aux premiers plans, comme si la
vertu ne venait qu'à la suite, et aboutissant, selon

les auteurs ou selon le sujet, à la réhabilitation ou à la condamnation. Il serait même plus exact de dire qu'il y a eu dans notre théâtre trois courants principaux :

Réhabilitation, indulgence et condamnation.

C'est cette division que nous allons suivre.

1° RÉHABILITATION.

C'est de la représentation de *Marion Delorme*
(Victor Hugo, 1831, Porte Saint-Martin) que datent
les théories de réhabilitation de notre temps à l'égard
des courtisanes; l'autorité de l'auteur, la valeur de
la mise en œuvre, le cadre historique, la notoriété
des personnages, donnèrent à Marion un relief tout
particulier que les discussions ne firent encore
qu'accentuer. On connaît l'intrigue.

Marion, retirée à Blois, a lié ce que les troupiers
appellent « une petite connaissance » avec un jeune
roturier, Didier; mais l'élégant et courtisan Saverny
l'a reconnue dans sa retraite. Didier est naïf : il
semble aux spectateurs d'une simplicité qui touche
à la niaiserie; il ignore qui est Marion, et ce nom
était trop célèbre pour que le public n'écoute pas
avec un sourire un peu moqueur ces vers à propos
d'elle :

> . . . . . *Un ange de lumière,*
> *Un être chaste et doux, à qui sur les chemins*
> *Les passants, à genoux, devraient joindre les mains.*

De notre temps, tout en voulant réhabiliter leurs
maîtresses, les amants ne sont plus aussi simples;

ils ont une théorie philosophique qui suppose
précisément l'acceptation du passé; mais cette idée
moderne, Didier ne la partage pas, du moins dans
les premiers actes; il n'aurait pas cherché à relever
« une femme qui tombe, » il croyait à la vertu de
Marion — ce n'est qu'à la fin du drame que la passion l'emporte. Quelques vers, supprimés à la représentation, semblaient sortir du domaine intellectuel
pour entrer dans celui des faits; ils étaient des plus
précis, indiquaient le nœud moral de la pièce et
sont demeurés célèbres :

> . . . . . *Ton souffle a relevé mon âme;*
> *Mon Didier! près de toi rien de moi n'est resté,*
> *Et ton amour m'a fait une virginité.*

Le public gouailleur ne vit pas ou ne voulut pas
voir l'idée cachée sous cette forme; au fond il ne
se trompait pas, le bon sens plaisantait la poésie et
eût pu répliquer par ces deux vers trop connus de
la morale populaire :

> *L'honneur est comme une île escarpée et sans bords,*
> *On n'y peut plus rentrer quand on en est dehors.*

car cette maxime banale est d'une vérité incontes-
table, et contre elle sont venues et viendront se
briser toutes les théories possibles de réhabilitation
en faveur des courtisanes (1).

(1) D'ailleurs pourquoi attacher tant d'importance à la réhabilitation
de la courtisane? Si l'une d'entre elles trouve un mari et se case dans
le monde, tant mieux pour elle, et cela ne touche en rien à la société
puisqu'il n'y a pas là de système imposé.

Cela n'empêcha pas que vingt années plus tard *la Dame aux Camélias* (A. Dumas fils, Vaudeville, 1852) ne produisit un effet bien autrement violent que *Marion Delorme*; un roman un peu long, un peu banal, transporté à la scène, apparut tout d'un coup avec des reliefs inattendus et son influence fut déplorable.

La Dame aux Camélias semble à la lecture un peu vulgaire, — mais la simplicité de la pièce fit sa puissance; l'attrait éternel du sujet, l'habileté des acteurs, les sentiments généreux placés dans un milieu où on ne les rencontre pas d'ordinaire, les détails gais et voluptueux de l'intérieur de Marguerite, complétaient les conditions du succès; une mort récente, dans le monde de la galanterie, y ajoutait même l'attrait d'une sorte de personnalité; et la phthisie brochant sur le tout (car *Julie* n'avait pas encore apporté au théâtre les effets de l'anévrisme) et rachetant la pécheresse par la mort, après l'avoir relevée par l'amour, métamorphosait l'hé-

Mais à part ce cas particulier, la courtisane moderne doit être considérée comme bien payée par son luxe, par sa situation relative et par ses plaisirs. — Si la misère vient plus tard, c'est qu'elle n'aura pas eu de prévoyance, et les honnêtes femmes qui en manquent sont tout comme elle exposées à devenir misérables.

Resterait l'objection que la courtisane a pris un métier qu'elle ne connaissait pas; c'est douteux.

Puis les déclassées tiennent-elles tant que cela à être réhabilitées? Nous ne savons trop.

A classe égale, les courtisanes sont plus heureuses matériellement que les femmes honnêtes; de plus, comme elles sont vicieuses, pourquoi leur devoir un dédommagement? Elles sont épicuriennes, c'est une philosophie comme une autre, et que le peu d'honneur dont on entoure la vertu fait seule progresser.

roïne en victime. Tout venait à point pour entraîner
le public et donner à la pièce un retentissement qui
semble cependant un peu étrange quand on la lit à
plus de vingt ans de distance. D'ailleurs rien de
bien immoral, la société n'y est pas attaquée, et ce
n'est pas dans le rôle de Marguerite que consistait
le danger du drame; Marguerite est très-attrayante
et certes, au point de vue de la vie de jeunesse,
Armand pouvait plus mal choisir.

Où la morale est plus relâchée, c'est dans l'espèce
de ménage de Nichette et de Gustave, vivant mari-
talement et remettant l'union légale à plus tard;
situation douteuse, dénouée par un mariage le jour
de l'an en guise de bonbons; l'idée est au moins
singulière !

Où la morale est aussi moins sévère, c'est dans
l'entourage facile de Marguerite, spirituellement
mis en scène dans l'acte du souper; tout ce monde
singulier et vrai, parisien, *blagueur*, dont l'esprit
superficiel entraînait chacun, faisait que sur mille
spectateurs, neuf cent quatre-vingt-dix-neuf se
disaient : « Je voudrais être là, voilà la véritable
« existence. » Dans ce milieu si gai, si luxueux,
plein de fins repas et de jolies filles, être, comme
Armand, l'amant d'une courtisane à la mode ! Quel
rêve pour quelques esprits ! et l'on n'apercevait pas
la pente glissante qui menait peu à peu Armand
vers une ressemblance avec le chevalier des Grieux.
Marguerite, il est vrai, est plus poétique que Manon
Lescaut; elle a la nostalgie du calme, elle désire

une vie où tout soit repos et pureté, et cependant par une étrange contradiction morale ou par un phénomène physique, elle n'accepte pas d'accompagner un vieux duc qui ne voit en elle que sa ressemblance avec une fille qu'il a perdue ; elle attache peu d'importance au don de sa personne ; ça ne compte pas, — au reste, toutes ces dames qui prétendent se faire une virginité par l'amour, appartiennent au monde galant du xviiie siècle dont une héroïne disait, pour excuser ses chutes perpétuelles : — « Que voulez-vous, ça me donne si peu de « peine et ça leur fait tant de plaisir ! » Mais alors pourquoi dire « un peu d'amour rend à une femme « sa chasteté perdue ? » c'est un tic inhérent à la femme galante qui veut se réhabiliter.

Cependant Marguerite se sacrifiera, elle quittera Armand et écoutera le discours prolixe de M. Duval père qui expose trop longuement le VIe acte des *Faux Ménages*; tant de filles enverraient au diable ce père ennuyeux à périr, que Marguerite accomplit peut-être là son action la plus méritoire en l'écoutant.

Elle comprend sans doute que, malgré ses allures de prêcheur, M. Duval a raison quand il réclame au nom de l'honnêteté, contre l'usurpation des femmes déclassées qui trouvent commode, quand la lassitude ou les rides surviennent, de venir surprendre une place dans la famille, sans vouloir laisser à la vertu seule une estime particulière, inaccessible au vice passé, même le plus repentant.

5.

Le V⁰ acte était le contre-poison des détails galants des premières scènes : cette froide chambre,
où se meurt une femme solitaire, vieille avant
l'âge, pendant que les familles se réjouissent devant
le foyer du premier de l'an, — ce célibataire, naguère
joyeux, qui veille seul auprès de la malade, — cette
amie véreuse qui vient prendre quelques louis au
fond d'un tiroir, — le mont-de-piété qu'on sent
avec le revendeur par derrière — et la mort qui
arrive, tout cela est lugubre. Mais au théâtre le
public aime ces contrastes et le mouchoir que l'on
tire pour s'essuyer les yeux amène presqu'à coup
sûr les applaudissements. La morale n'en est pas
mieux défendue; car toutes les courtisanes ne meu-
rent pas comme Marguerite, dont le reflet peut em-
bellir bien des personnalités qui n'ont aucune de
ses qualités, aucun de ses charmes, — et les cocottes
succèdent aux cocottes, excusées dans le vice par le
tableau touchant d'une exception que l'on érige en
règle générale.

Mais le branle était donné au théâtre, et le succès
des sujets analogues tel, que l'on alla rechercher dans
les œuvres antérieures des auteurs aimés du public
les pièces qui exposaient des théories à peu près pareilles; c'est ainsi qu'en 1860 fut représentée au
Vaudeville *Rédemption* d'O. Feuillet. Le titre à lui
seul indique le sujet; la scène se passe dans une
ville allemande du Nord; les accessoires sont un
ancien château féodal, un cloître, un vieux savant
alchimiste. Madeleine, nom prédestiné et choisi, est

chanteuse et courtisane; elle aime Maurice, et sa
vie de luxe et de débauche lui pèse, — elle en vient
à se prémunir de poison chez le vieil alchimiste qui
lui dit en le lui vendant : « Je connais ton mal, tu
« jettes un regard d'envie sur le pot-au-feu des
« mères de famille. » Pour arriver à son but, après
mille coquetteries, Madeleine s'offre à Maurice qui
la refuse au nom de la raison, malgré leur amour
réciproque, à cause de son passé ineffaçable; il
croit à son repentir, mais la mort seule peut effacer
le passé. Madeleine alors boit le poison... qui n'est
que de l'eau claire. Le pardon arrive : « Sois heu-
« reuse, pauvre ange !!! » Maurice épouse-t-il Madeleine? Deux mots peuvent le faire croire; cependant, l'esprit reste dans l'incertitude. C'est en tout
cas la rédemption par l'amour et par la mort...
fausse.

La singularité de la pièce est celle-ci. Pendant
cinq actes l'auteur prêche sur la juste impossibilité
de la réhabilitation... pour y arriver à la fin; la mort
de Madeleine valait mieux, mais un public et un
romancier ont des entrailles. On raconte même à
propos de la sensibilité des lecteurs une assez curieuse anecdote. Dans le commencement du succès des romans-feuilletons, le *Journal des Débats*
imprimait les *Mystères de Paris* d'E. Sue; il y
avait dans ce roman Marie la Goualeuse, fille d'un
prince allemand, volée et élevée dans la Cité, au
milieu du vice; retrouvée par son père, Marie,
malgré ses malheurs, était destinée à mourir à cause

de ses antécédents déplorables. Or, comme les abonnés des *Débats* s'aperçurent un beau jour que la santé de l'intéressante Marie déclinait avec toute probabilité de ne pas se rétablir, ils se mirent à réclamer auprès de l'auteur, et celui-ci reçut une avalanche de lettres le suppliant de changer le dénoûment pressenti et de ne pas faire mourir son héroïne.

Revenons à la réhabilitation des déclassées, et arrivons à une sorte de phénomène dramatique au point de vue du dénoûment ; nous voulons parler des *Idées de Madame Aubray* (A. Dumas fils, Gymnase, 1867) ; c'est une des pièces les plus remarquables de l'auteur, malgré le trop grand nombre de tirades qu'elle renferme ; inspirée par des sentiments généreux, elle arrive à des conclusions exorbitantes. Toutefois, si elle constitue un plaidoyer éloquent en faveur de la fille séduite, elle contient aussi une leçon vigoureuse en faveur du mariage régulier ; mais cette contre-partie, il faut aller la chercher et on ne l'aperçoit pas de suite, mise en pleine lumière ; la régularité de la vie ordinaire, le bon sens droit de l'honnêteté, semblent ici l'ombre un peu dissimulée des ambitions malsaines et des existences déclassées.

Par l'excentricité du dénoûment, par l'élévation du caractère de Mme Aubray, l'effet de la tendance de cette œuvre fut énorme ; c'était comme la justification d'une faute ; en effet, quel est le sujet de cette pièce : Jeannine était pauvre ; toute jeune elle a été

séduite; elle a eu un enfant et s'est trouvée satisfaite
de sa situation; le séducteur l'a abandonnée, lui
laissant la fortune; elle a élevé son fils jusqu'à trois
ou quatre ans; un jeune homme, Camille Aubray,
la voit, l'aime sans connaître son passé; Jeannine
avoue ce passé à Mme Aubray qui, juge des motifs
de la chute, la donne à son fils pour épouse.

Rien de bien grave si tout cela ne tournait pas à
la théorie, mais les tartines dramatiques constituent tout un échafaudage législatif.

Mme Aubray est l'amour du prochain fait femme.
« Il faut aimer, dit-elle, n'importe qui, n'importe
« quoi, n'importe comment, pourvu qu'on aime... »
C'est chrétien, mais furieusement élastique.

Mme Aubray nous semble être de ces femmes qui
ont toujours fait notre étonnement; elles ont une
maison à mener, des gens à diriger, une fortune à
surveiller, des enfants à soigner, à instruire, un mari
à aimer ou à détester (et ce dernier cas donne encore bien plus de peine), des amis à voir, un esprit
à meubler, et avec cela, présidentes d'œuvres hu-
manitaires ou religieuses, organisatrices de sociétés,
de refuges, parfois bas-bleus... elles ont le temps de
tout faire. Mme Aubray possède, il est vrai, une
bonne raison pour avoir le temps d'accomplir beaucoup de choses, elle est veuve et sage. — A la scène
elle est charmante; derrière on aperçoit, si nous ne
nous trompons, la femme sèche et acariâtre, courant le monde pour remplir à tort et à travers un
apostolat de fantaisie et oubliant le dîner de sa fa-

mille. Mais en nous tenant au personnage théâtral,
Mᵐᵉ Aubray, disons-nous, a toutes les qualités, grâce
et charité; son exemple défend énergiquement le
mariage, car jeune encore, jeune à ce point qu'on
la prend pour la sœur de son fils, elle reste fidèle
au mort qu'elle a perdu, et sa générosité seule la
porte à excuser la chute de Jeannine, chute assez
douce il nous semble.

Jeannine se trouve en effet aux bains de mer,
portant des toilettes élégantes, accompagnée de son
enfant et d'une femme de chambre, sous le nom de
la Princesse bleue, attendant le Prince noir. C'est ce
dernier qui a fourni à Jeannine les moyens de côtoyer les bords de la Manche et de varier ses toilettes, ce qui prouve que si la séduction a été involontaire, elle a du moins été profitable. — Là est un
tort de la pièce, il fallait laisser Jeannine pauvre;
il est vrai qu'alors l'élégant Valmoreau, qui suit
les dames, ne l'eût pas remarquée, et que Camille,
la voyant habillée d'indienne et non de mousse-
line et de dentelles n'eût pas songé à l'aimer, encore
moins à l'épouser. — On pourrait faire à cette occasion un chapitre intéressant intitulé : De l'influence
de la toilette sur l'amour et le mariage.

Tout en désirant admettre Jeannine dans sa famille, Mᵐᵉ Aubray se sent tiraillée par bien des
sentiments : le prêche est aisé quand il s'agit des
autres, mais quand la question devient personnelle,
ce n'est plus la même chose; et l'amour-propre, le
désir d'être conséquente avec ses principes, pour-

raient bien, plus que la raison, faire que Mme Aubray donne Jeannine à son fils.

Épouser une jeune femme déclassée est bien au théâtre, où les spectateurs se disent : « C'est fini ! « à la bonne heure ! ils sont heureux ! » Il n'y a pas de V^e ou de VIe acte ; dans la vie, cet acte supplémentaire existe toujours, et tout ce qui semblait militer en faveur de l'union, bien souvent se retourne contre elle lorsqu'elle est accomplie.

Quant à ce que le salut de la société soit dans la réhabilitation de la fille déchue, nous en doutons ; il faut que chacun garde la responsabilité de ses actions (1) ; et à ce point de vue, la situation de Jeannine est singulière. En voulant faire son héroïne intéressante, l'auteur l'a faite trop innocente et a dépassé le but. — Si elle a « une âme pure et peu commune » comment admettre son singulier récit, qui explique toutefois bien des choses, et sem-

---

(1) Une chose certaine, c'est qu'on ne force aucune femme à être courtisane — nous comprenons ceci au point de vue des personnes ; — au point de vue social, c'est peut-être différent.

La misère peut contraindre une femme faible à la prostitution et on ne peut guère lui jeter la pierre quand la faim est là et qu'autour d'elle le monde galant, qui l'attire, vit avec les dehors d'une estime assez précaire, il est vrai, mais avec les ressources précises d'un luxe excessif.

Si l'on cherchait dans la vie passée des courtisanes, on y trouverait peut-être la séduction quelquefois, mais on y trouverait plus souvent encore l'abandon des parents, la dureté et le manque de fraternité dans les classes pauvres, la corruption des centres industriels et des campagnes dans un âge extraordinaire.

Ce sont choses dont l'éducation pourrait faire justice et auxquelles remédieraient malaisément l'absence de dot chez les filles, et le célibat surchargé d'impôts, — remèdes fantaisistes éclos dans les rêveries des romanciers et des auteurs dramatiques.

ble en voulant la justifier, la condamner elle et ses
pareilles, par suite de l'acceptation parfaitement
volontaire faite par Jeannine d'une sorte de contrat
avec toutes ses suites. En supposant que la jeunesse
ait d'abord laissé Jeannine inexpérimentée, le temps
n'a apporté aucun changement dans sa manière de
voir ; elle n'a jamais aimé son séducteur ; entraînée
par le mal disposé autour d'elle, elle est tombée
doucement, en se considérant comme la plus heureuse des femmes (c'est elle qui le dit), puisque
« elle avait l'indépendance » c'est-à-dire l'argent de
son amant qui la faisait échapper à la misère. La
naïveté, on le voit, est d'une belle venue, — mais
alors pourquoi faire de cette niaise, désireuse quand
même de la fortune, insoucieuse de sa chasteté,
l'égale d'une jeune fille honnête ? — « Au point de
« vue de la morale, ...ce que vous venez de me ra-
« conter est monstrueux, et cependant cela vous
« paraît tout simple... » dit Mme Aubray. Mme Aubray a parfaitement raison de s'étonner ; mais alors
pourquoi faire retomber sur ces monstres d'hommes
la responsabilité d'un fait auquel, comme Marg.
Gautier, Jeannine attachait si peu d'importance ?
— Pourquoi tant d'indulgence pour cette dernière ?
Si l'on admettait pareille réhabilitation, le chemin
le plus court ne serait pas la ligne droite, et se faire
séduire par le fils d'un propriétaire constituerait
pour les filles des concierges la garantie d'un bon
mariage dans l'avenir. La condamnation de la galanterie facile chez l'homme est une idée morale et

juste, mais nous doutons que ce soit en cherchant une femme parmi celles qui sont tombées qu'on corrigera le vice et l'humanité.

Pour faire passer le dénoûment, toutes les délicatesses ont été données à Jeannine, elle a été allaitée et élevée chez une duchesse ; elle a toutes les grandes idées (sauf la pudeur il nous semble) ; mais enfin elle a l'idée de se sacrifier ; elle est prête à se retirer et à accepter la misère ; et cependant le dénoûment n'a passé que par l'influence du nom de l'auteur. Que fût-il arrivé si Jeannine avait été tracée avec des contours moins séduisants, moins soignés ? C'est toujours le danger d'un type choisi pour lequel une exception est faite. — Puis chaque fille séduite peut se croire une Jeannine, tout en n'étant qu'une créature sotte et grossière.

Tout en rendant justice à la générosité de Mme Aubray, le dénoûment est mauvais, en ce sens qu'il heurte des sentiments respectables, — que l'avenir des époux s'entrevoit gros de tristes éventualités, que la jeune Lucienne, vertueuse, est sacrifiée à Jeannine ; elle pleure une affection d'enfance, Camille, auquel elle en voit épouser une autre ; mais qu'est-ce que le chagrin d'une jeune fille vis-à-vis d'une théorie, et à côté de l'intérêt d'une quasi-cocotte en recherche d'un mari pour prendre sa place dans le monde ? — ne devrions-nous pas dire comme Gavarni — en recherche « d'un serin pour l'épou-« ser. » Ce dénoûment des *Idées de Mme Aubray*, la trop grande générosité de celle-ci, évoquent tou-

jours devant nos yeux un autre dessin du mordant
caricaturiste ; Mᵐᵉ Aubray dit à son fils après bien
des luttes : « Épouse-la ! » Chez Gavarni, une
grosse maman se tient debout, ayant devant elle
une grande fille maigre qui porte un carton de musique sous son bras : « Éloa ! lui dit la mère en co-
« lère, Éloa ! vous avez été sourde à tout ce que la
« tendresse peut trouver de... de... choses dans le
« cœur d'une mère... à présent, épouse-le ton cor-
« net à piston et fiche-moi la paix ! » L'avenir des
deux ménages nous apparaît sous un jour aussi peu
fortuné l'un que l'autre (1).

(1) Depuis que ces lignes sont écrites, on a représenté *Fernande* au
théâtre du Gymnase. Malgré l'exemple de Diderot, l'auteur voulait, dit-
on, sentant l'impossibilité de la réhabilitation de son héroïne, la faire se
précipiter par la fenêtre au dénoûment,... mais comme son modèle, et
pour la sensibilité des spectateurs, il a préféré la laisser marquise.

Après les théories de réhabilitation, passons à la simple indulgence, et examinons *l'Aventurière* (1848, Th.-Français). La morale y est sévère, bien qu'il semble que l'auteur ressente une certaine tendresse pour son héroïne; c'est la seule pièce, nous croyons, où la jeunesse aidant, M. E. Augier ait excusé la courtisane, mais il a énergiquement refusé de lui laisser prendre une place dans la famille.

L'Aventurière a un reflet de la grande comédie, on y surprend un écho de *Marion Delorme*; l'allure des vers grandit les personnages; cependant, dépouillée du prestige d'une poésie ferme et sonore, Clorinde ne serait pas autre chose qu'une intrigante ordinaire.

Le sujet du drame est simple. Monte-Prade, vieux céladon, s'est laissé prendre aux filets d'une actrice douteuse, voyageant avec un spadassin qui passe pour son frère. Monte-Prade veut l'épouser, lorsqu'un assez mauvais sujet de fils, Fabrice, qui a trop couru le monde, vient se jeter à la traverse, et dévoiler à son père l'état suspect de l'aventurière. Après cette révélation, Clorinde se prend à aimer ce fils nouveau venu, se relève un peu par l'amour sincère, et quitte la maison pardonnée par tous.

On voit qu'au fond il y a l'idée ordinaire de la réhabilitation par l'amour, et que M. E. Augier a subi un moment l'influence commune.

Cependant, comme nous l'avons dit, rien ne cherche à faire pénétrer Clorinde dans la famille par une de ces fissures que crée la faiblesse des amours tardives; elle est établie dans la place, courtisée par Monte-Prade — un de ces vieillards qui prétendent valoir tous les jeunes gens, oubliant le temps irréparable — il se brouille avec tous les siens et croit recommencer la vie; mais ce qui innocente un peu Clorinde, c'est son désintéressement. L'argent n'entre pas pour tout dans l'intrigue qu'elle ourdit afin d'épouser le vieillard; comme le matelot qui désire la terre où il ne peut aborder, Clorinde porte envie au monde régulier. Elle reste toujours, d'ailleurs, dans la sphère des idées hautes; l'auteur n'a pas voulu la faire descendre trop bas et la mêler, comme l'Albertine du *Père Prodigue*, à la cuisine de chaque jour; c'est une Madeleine à laquelle le repentir donne le droit de toucher en partant la main de Célie, fille de Monte-Prade, et elle emporte l'estime et le pardon de Fabrice.

Mais que fera Clorinde? Les causes extérieures ne la ramèneront-elles pas vers le mal? Quant à l'intérieur de Monte-Prade, il sera bien triste. — Malgré le retour de Fabrice, son père lui en voudra; le fils s'est mêlé là de questions qu'un père, vieux et amoureux, ne pardonne pas d'avoir soulevées, fût-ce pour le bien et l'honneur. Même dans les données modernes de *l'Aventurière*, malgré la grandeur relative donnée à l'héroïne, la présence de la courtisane aura été un fléau pour l'honnête milieu où vivra Monte-Prade, mal consolé par les deux derniers vers que lui adresse son fils :

> *Que de petits enfants notre maison fourmille !*
> *Mon père, nous serons les vieux de la famille.*

✽

A côté de l'indulgence vis-à-vis des courtisanes, on peut placer, et dans le même chapitre, car le résultat est le même, la condamnation sous des couleurs attrayantes ; pour mieux nous faire comprendre, disons qu'il n'y a pas grande différence entre pardonner aux déclassées ou flétrir à la scène leur conduite en entourant leur personnalité de détails charmants qui font complétement oublier la sanction finale ; et même un pareil système n'est-il pas pour la morale tout aussi dangereux que la réhabilitation, conseillée parfois par des raisons de charité parfaitement acceptables ?

Les Filles de Marbre (Th. du Vaudeville, 1853) nous fournissent un exemple frappant de ce que nous avançons. Dans cette pièce, Marco est la fille déchue acharnée contre le bien ; elle est posée en ennemie de la vertu et de la famille, n'aspirant à rien de bon et n'ayant certes pas la « nostalgie de la boue, » car elle reste dans son milieu et ne pense qu'à y attirer les autres.

Maintenant, les filles comme Marco sont-elles aussi dangereuses pour le monde? (1) Il y a là exagération en mal comme Marguerite Gautier fut l'exagération en bien. Quoi qu'il en soit, cette pièce, très-opposée comme prétentions moralisatrices à *la Dame aux Camélias*, produisit un effet aussi regrettable; le vice brillant ne vaut jamais rien à représenter, surtout quand la vie ordinaire fournit chaque jour des points de comparaison tout à l'avantage des déclassées.

Aussi *les Filles de Marbre,* virulentes de morale contre les cocottes, pièce à idées saines, à dénouement terrible, constituaient un spectacle immoral.

---

(1) Dans *le Père prodigue*, de M. Al. Dumas, il y a un mot très-juste à propos de ces courtisanes, et qui dit avec beaucoup de raison « qu'il n'y a que ceux-là qui le veulent bien qui mêlent la fille déclassée aux familles honnêtes. » Albertine, l'héroïne de la comédie, s'exprime ainsi : « Nous ne pénétrons dans vos familles que par les vides que vous « y laissez; c'est à vous de ne pas vous désunir. Le monde est peuplé « de pères et de fils qui ne nous connaissent pas, et sur lesquels nous « n'avons et ne pourrons avoir aucune action... » Cette réflexion est très-vraie et sort de la bouche de la courtisane économe, fixée, sinon légalement, du moins par les faits, dans l'intérieur du comte de la Rivonnière. Femme éminemment pratique, elle regarde l'amour comme une affaire, et ne s'aventure dans une liaison qu'après avoir sondé du regard les armoires et le service de table. Calculatrice avant tout, elle fait elle-même ses recouvrements et n'est autre chose qu'un homme d'affaires sous l'enveloppe d'une femme. Elle dit un mot charmant; un jeune écervelé, ayant mangé pour elle un maigre capital de 50,000 fr., se plaint de sa froideur et parle des « sacrifices » qu'il a faits pour elle. « Vous « me parlez toujours, lui réplique Albertine, de vos 50,000 fr., nour- « ririez-vous le fol espoir que je vous les rende?» Une femme si placidement raisonneuse ne se fait pas illusion, et ce qu'elle dit sur l'innocuité des courtisanes pour ceux qui savent les éviter est parole d'évangile.

La gaieté de certaines situations, le luxe des toilettes, l'entrain de la jeunesse, du plaisir élégant et facile, flattant l'esprit, le cœur et la vanité, tout cela faisait que le sombre dénouement et la morale intentionnelle des auteurs disparaissaient dans le plaisir du spectacle, et les déclassées en recevaient un degré de noblesse de plus.

Comment d'ailleurs eût-on voulu qu'une saine morale se dégageât de l'action ? Que présente en effet cette pièce ? Ceci : Les femmes de vertu plus que légère reçoivent hommages, argent, amours — même amours sincères — car dans *les Filles de Marbre*, comme dans *la Dame aux Camélias*, le même moyen est employé à deux fins différentes. Autour de ces femmes se réunissent la gaieté, la jeunesse, le plaisir, la fortune, l'élégance. En revanche, l'honnête fille du drame n'aura, avec sa vertu, que ce que le vice voudra bien lui laisser du cœur de son fiancé; la misère la poursuivra. Quelle leçon ! si dans la réalité l'éducation morale n'est pas assez forte pour préférer la satisfaction de la conscience — si l'intelligence ne montre pas la laideur morale en dessous des apparences ?

Au reste, là, au théâtre, comme au dehors, les spectateurs auraient à peu près même enseignement : partout la cocotte intervient dans la société, y prenant un rang positif (1), forçant presque la loi à compter avec elle dans un temps donné.

---

(1) La cocotte a pris une telle importance, et a été si bien imitée, pour ses toilettes par exemple, que souvent il pouvait y avoir confusion

D'un côté donc, vie charmante, peu estimée il est vrai, mais avec toutes les satisfactions matérielles; — de l'autre côté, tristesse, vie pénible, honorée il est vrai, mais avec toutes les privations, et en perspective avec un avenir aussi dur que le présent.

Voilà ce que les spectateurs avaient devant eux, résultat à la fois du théâtre et du monde; c'est ce qui faisait l'immoralité du drame, malgré la condamnation finale de Marco; et encore! qui était puni? l'amant et non la fille qui retournait gaiement à sa vie de scandale.

Deux ans après *les Filles de Marbre,* le Gymnase représenta *le Demi-Monde* de M. A. Dumas fils (1855). De toutes les pièces où figurent des courtisanes, ce fut une des plus fêtées; *le Demi-Monde* est une œuvre charmante, où les détails font croire à un milieu attrayant, et où cependant la moralité, personnifiée d'une façon très-tolérante par Olivier de Jalin et M. de Thonnereins, condamne le demi-monde et lui refuse sa place dans la société.

Il semble que l'auteur ait été plus sévère pour le demi-monde que pour la courtisane franche comme

---

et qu'on en arrivait à ne plus trop distinguer, par l'extérieur, une cocotte d'une femme du monde. Aussi a-t-on imaginé le nouveau vocable de « cocodette. »

La cocotte est la femme galante.

La cocodette est la femme du monde qui, tout en restant sage, imite la cocotte du mieux qu'elle peut, sous le rapport de la tenue, des toilettes et parfois de l'abandon dans le langage.

Marguerite. Le demi-monde, il est vrai, envahit la société. Si l'on comptait les femmes sans maris, les époux séparés légalement ou non, à fortune équivoque, de mœurs faciles, exposant sœurs ou filles, on serait effrayé de la plaie découverte. Certaines faiblesses morales dégradent même le mariage par un consentement tacite et réciproque à des fredaines doucement admises; cela ne peut s'appeler adultère, parce que la femme appartient à un cadeau, à une note de couturière soldée à propos; et la femme n'est pas non plus une courtisane, parce que le pavillon du mari couvre la marchandise. Mais au fond c'est même chose.

Partout quelques signes certains dénotent ce pays d'une morale terne et facile, par exemple l'aisance avec laquelle un célibataire en présente un autre; c'est la société parisienne de Gavarni, ce salon où l'on se dit : « Je te présente, bon, mais qui est-ce qui me présentera, moi? — Moi, parbleu! » C'est dans ces salons qu'on courtise les jeunes filles qu'on n'épouse pas, et les parents trouvent cela naturel. Souvent la mère s'y fait enlever avant sa fille. C'est là le demi-monde du drame résumé dans un petit nombre de personnages féminins :

Mᵐᵉ de Santis, adultère, séparée de son mari, vendant ses meubles, vivant on ne sait de quoi, empruntant chez des usuriers, et se livrant en fin de compte à une sorte de grec afin de payer ses dettes et faire un voyage en Angleterre.

6

Mᵐᵉ de Vernières, tenant un salon à moitié tripot, sous le coup d'une saisie, courant après un billet de 500 francs, et se servant de sa nièce pour charmer sa clientèle.

Mᵐᵉ la baronne d'Ange, qui semble encore la moins mauvaise des trois, fait écrire ses lettres par une amie pour ne pas se compromettre, cherche à pénétrer dans une famille honnête, singe la passion, trouve naturel de risquer la vie d'un ancien amant pour arriver à son but, garde l'argent de son passé condamnable et finalement retombe dans le cercle douteux du demi-monde sans pouvoir en sortir.

Malgré les côtés légers de la pièce, une morale cachée existe dans toute l'intrigue; partout la piqûre incessante du monde honnête tient Suzanne d'Ange à distance; les honnêtes gens se liguent contre elle lorsqu'elle croit triompher, et, prise dans ses piéges, elle perd la partie. Elle va alors recommencer ailleurs la chasse au mari, qui est, pour la femme du demi-monde, le poisson rare amorcé sur le radeau de la Méduse.

La comparaison des pêches à quinze sous est restée célèbre; cependant il y a, ce nous semble, un manque d'exactitude : la petite tache noire, inappréciable, soi-disant pour des yeux non exercés, est, pour les Parisiens, monstrueuse; la teinte noire se répand partout, et en somme au bout d'un quart d'heure, le demi-monde ne ressemble en rien au vrai.

Un phénomène singulier d'optique théâtrale a eu

lieu pour *le Demi-Monde.* Lors de la représentation, sur le théâtre du Gymnase, de cette pièce,
étincelante d'esprit dans les trois premiers actes,
voilà, si nos souvenirs sont exacts, l'impression
que ressentait le public :

Olivier de Jalin paraissait honnête, sympathique,
et avait le beau rôle dans sa lutte avec Suzanne
d'Ange.

Suzanne d'Ange semblait un type désagréable,
presque odieux, et sa punition était la bien venue.

H. Richond était un rôle gai et amusant.

Au Théâtre-Français, lors de la reprise qui vient
d'avoir lieu, ce n'était plus cela du tout. Est-ce par
suite de l'étendue de la scène sur laquelle les détails
moins frappants laissaient apercevoir davantage les
grandes lignes du drame ? — Est-ce à cause du jeu
supérieur des artistes de la Comédie française ? —
Est-ce par suite d'une acceptation progressive et
plus complète du demi-monde dans la société,
acceptation qui rend le public moins rébarbatif
vis-à-vis de certaines déclassées ? — Mais on rece-
vait une impression tout autre que celle qui se
dégageait au Gymnase, et une impression beaucoup
plus vraie selon nous.

Le rôle de Richond devient sombre, amer; on
y sent l'homme à intérieur brisé, et fatigué au
moral comme au physique de son faux ménage.

Olivier de Jalin n'est plus le Parisien étourdi
et léger; — toujours spirituel, il semble cependant
s'être corrompu dans le demi-monde et ne plus

bien voir où se trouve le sentiment des convenances. Que « ce plus honnête homme que l'on con-
naisse » (selon le dernier mot de la pièce) cherche à
rompre le mariage projeté de son ami Raymond avec
une déclassée, rien de mieux. — Mais une fois les explications données, et Raymond bien averti, pourquoi s'acharner après Suzanne, après une femme
qui a été pour lui une maîtresse charmante et, il
semble, désintéressée — s'acharner jusqu'à lui
tendre un odieux traquenard à la fin du drame —
s'acharner jusqu'à lui faire perdre une grosse part
de sa fortune ! Singulière délicatesse ! et cela non
pour un frère ou pour un fils, mais pour un ami
de quatre jours, et qui sait à quoi s'en tenir sur
le passé de celle qu'il veut épouser.

Suzanne, vis-à-vis de Raymond, n'a pas le beau
rôle, il est vrai ; mais elle l'a vis-à-vis d'Olivier ; elle
ne commet pas une action bien coupable en voulant épouser, pour sortir du demi-monde, un
homme qui connaît son existence antérieure, à
elle, et qui consent ; cela le regarde seul. En
somme, sauf au IV° acte, où elle trompe Raymond
avec une scène trop mélodramatique, Suzanne est
presque sympathique ; ce n'est plus une fille à
punir ; elle est d'ailleurs présentée, non comme une
courtisane de profession, mais comme appartenant
à cette lisière douteuse qui sépare le demi-monde
du vrai. Ce n'est plus qu'une femme contre laquelle
s'irrite un ancien amant, appartenant si bien lui-
même, par ses goûts et ses habitudes, au demi-

monde, qu'il va y chercher une épouse. Pourquoi
tant s'indigner ?

La vérité d'appréciation sur la situation de Suzanne et d'Olivier, nous semble être nettement
posée par la réplique de la première dans une scène
du III° acte :

« SUZANNE. — ... On en veut toujours à une femme quand
« elle vous dit qu'elle ne vous aime plus... Quoi ! parce que
« je vous ai jugé galant homme, parce que je vous ai aimé
« peut-être, vous deviendrez un obstacle de toute ma vie?...
« Admettons, et il faut bien l'admettre, puisque c'est vrai...
« que je ne sois pas digne, au point de vue du monde, du
« nom et de la position que j'ambitionne, est-ce bien à vous,
« qui avez contribué à m'en rendre indigne, à me fermer la
« route honorable où je veux entrer... *Ce n'est pas quand on*
« *a participé aux faiblesses des gens qu'on doit s'en faire*
« *une arme contre eux*... et l'homme qui a été aimé, si peu
« que ce soit, d'une femme, du moment que cet amour n'a-
« vait ni le calcul, ni l'intérêt pour base, est éternellement
« l'obligé de cette femme, et quoi qu'il fasse pour elle, il ne
« fera jamais autant qu'elle a fait pour lui.
« OLIVIER. — Vous avez raison ! j'ai peut-être cédé à un
« mauvais sentiment, *à la jalousie*, en croyant céder à la
« voix de l'honneur... »

C'est en effet la jalousie qui, au fond, dicte la
conduite d'Olivier, et la jalousie aurait dû rester
jusqu'à la fin le seul mobile de la rancune chez
l'amant évincé ; c'eût été plus vrai et peut-être plus
heureux à la scène.

Il nous semble donc qu'à la Comédie-Française,
dans cette pièce mieux et plus profondément fouillée
par les artistes, la morale et la vérité se soient plus
clairement montrées — que les traits soient apparus

d'une façon peut-être incomplétement prévue par l'auteur, — et qu'en dessous des personnages traditionnels et de convention, d'autres plus réels, plus vrais, aient surgi.

Parmi les courtisanes, la baronne d'Ange est peut-être une des moins mauvaises. Si l'on reprend, comme on l'a dit, au Théâtre-Français, *le Mariage d'Olympe*, on verra alors ce que c'est qu'une fille réellement odieuse, et la comparaison sera toute en faveur du type de Suzanne.

Parmi les pièces condamnant les courtisanes, il en est une qui fut (nous l'avons indiqué à propos des *Lionnes pauvres*) une véritable volée de bois vert, appliquée sur leur échine; nous venons, à la fin du chapitre précédent, d'écrire son nom : *le Mariage d'Olympe* (Vaudeville, 1855). Cette comédie, peut-être la plus forte du théâtre de M. E. Augier, est d'une rudesse sans pareille.

Le monde où a vécu Olympe est dès le commencement bien posé; dès les premiers mots, dans une ville d'eaux, au milieu de la clientèle douteuse qui fréquente surtout ces lieux enchanteurs, les caractères sont nettement dessinés.

Le marquis de Puygiron, qui représente par contraste la morale austère et tout d'une pièce, trouve, quand on annonce, d'après un journal, la mort d'Olympe, « que mourir est la seule façon que les courtisanes aient de régulariser leur position. » Il est vrai que le marquis a quitté la France depuis la guerre de Vendée en 1832, et il ignore le développement exceptionnel qu'ont pris le demi-monde et sa suite.

Aux idées du marquis, Montrichard, personnage

véreux, spadassin, qui connaît le XXI° arrondisse-
ment sur le bout du doigt, réplique (et toute la pièce
est dans ces paroles, bien que l'explication sorte de
la bouche d'un personnage peu sympathique) :

« La turlutaine de notre temps c'est la réhabilitation de
« la femme perdue... déchue... ; nos poëtes, nos romanciers,
« nos dramaturges, remplissent les jeunes têtes d'idées fié-
« vreuses de rédemption par l'amour... que des demoiselles
« exploitent habilement pour devenir dames et grandes
« dames...
    « — Ventrebleu!... leur beau-père ne leur tord pas le
« cou ! »

Rien n'est, au reste, omis pour rendre Olympe
odieuse; son entourage est sinistre comme elle-
même; elle a une mère, et quelle mère ! Chez la
courtisane la mère existe toujours, s'il n'y a pas de
père, et le plus souvent c'est elle qui a calculé le
bénéfice que sa fille pourrait lui rapporter et qui l'a
fabriquée à bon escient (1).

(1) Il n'est pas plus difficile, en effet, de fabriquer de belles femmes
que de belles bêtes. — quelques esprits satiriques pourraient même dire
que parfois il n'y a pas grande différence ; — mais lorsqu'on retranche
de la femme la dignité et la pudeur, on n'obtient guère qu'une femelle,
un joli petit animal parfois très-appétissant et d'une vente extraordinairement profitable. Or certaines mères, qui ne devraient pas porter ce
titre, ont vite compris, avec le luxe extrême de notre époque et les passions millionnaires qui se rendent à Paris, de quel profit pouvait être pour
elles une fille bien dressée; un art plastique a présidé à la confection,
au développement, à l'entraînement de la race féminine destinée à ap-
provisionner la haute et basse cocotterie, — c'est fort immoral et cela
accuse une gangrène profonde dans certains milieux, mais cela nous
semble évident, — car si cet élevage, cette hygiène de la beauté n'étaient
pas mis en pratique, comment expliquer le stock considérable toujours
prêt de petites dames bien tournées, se ressemblant toutes un peu,
ayant entre elles un air de famille, brunes quand c'est le goût du jour.

Olympe a su rencontrer un naïf jeune homme, Henry, qui a joué près d'elle le rôle de Didier, vis-à-vis de Marion Delorme, et l'a épousée en Bretagne, à l'insu du marquis de Puygiron, son oncle et chef de la famille; Olympe va commencer « le rude labeur de la femme vertueuse » chose dont elle sera incapable; elle a fait peau neuve, tout en ne pouvant qu'y perdre, assure Montrichard; elle s'appelle Pauline et a donc réalisé son plan de pénétrer dans le monde honnête.

Le difficile est de s'y maintenir sans rien heurter autour d'elle; ce sera malaisé, mais Olympe est habile et le mensonge vient à son aide. Elle se fait passer pour la fille de pauvres paysans vendéens, soldats de la guerre de 1832, et les vieux parents de Puygiron, qui ont perdu tout flair parisien depuis leur exil, l'accueillent à bras ouverts.

Commence alors le VIᵉ acte de toutes les pièces où la courtisane se réhabilite par l'amour et le mariage: jalousie du passé, honte du présent; les époux sont compagnons de chaîne. — Le monde vertueux est là, avec ses mœurs, ses idées, son langage; Pauline est au-dessous de toutes les situations et ne se relè-

blondes si cette couleur est plus demandée? Si par exemple la mode venait d'aimer les femmes faites comme Diane de Poitiers, en quelques années Paris se verrait approvisionné de femmes aux longues paupières tombant à fleur de front, à la taille svelte et élancée, comme on se plaît à se figurer la maîtresse des premiers Valois.

Il est à regretter que cette fabrication de la femme se fasse à un point de vue autre que la morale; on pourrait y trouver la beauté de la race, sa force et sa santé à venir, tandis que tout va à l'encontre de ce résultat avec les mamans d'Olympe et leur entourage.

6.

vera jamais. Comme elle le dit : elle vit à tâtons avec
ces gens dont elle ignore le caractère ; puis son naturel revient au galop, et, un jour d'ennui, elle
accepte d'un adorateur une parure, en se promet-
tant de dire que les diamants en sont faux, oubliant
tant elle est restée elle-même, qu'elle est devenue
riche et grande dame.

C'est, au reste, un admirable tableau d'un mariage méprisable, et qui, plus que tous les prêches
et toutes les tirades sur la vertu, pourrait détourner
d'une liaison mal assortie.

Survient la mère, Irma, qui est simplement un
chef-d'œuvre, un dessin de Gavarni sérieux, renforcé
encore par la fermeté du dialogue. Irma, c'est la cocotte vicieuse et vieillie ; la Florence de la *Dame
aux Camélias* pouvait encore être pitoyable, mais
Irma est horrible ; elle croit aux cartes comme la
seule chose vraie dans ce monde. C'est un modèle
accompli de débauche, de laideur et de vieillesse
méprisable. — C'est comme une apparition de l'a-
venir qui attend Olympe.

Devant sa mère, celle-ci n'y tient plus ; « la nostalgie de la boue » lui fait demander anxieusement
des nouvelles de Paris ; elle dévore les paroles
d'Irma ; elle se retrouve enfin dans son élément.
Comment y rentrer définitivement, car le mariage
honnête lui pèse encore plus que le vice ? Toutes
deux, mère et fille, « connaissant le code comme
des voleurs, » pèsent cyniquement le pour et le
contre de l'adultère ; la crainte de la prison et de la

perte de sa fortune fait seule hésiter Olympe.

Mais bientôt, prise dans l'engrenage de ses ruses, de ses mensonges et de ses crimes (elle a volé le journal manuscrit d'une jeune fille, Geneviève, et veut faire tuer son mari), elle voit sa personnalité devenir publique.

Alors le vieux marquis de Puygiron, resté seul avec elle, outré par ses insultes, la traite de misérable et finalement, poussé à bout, la tue d'un coup de feu.

« Dieu me jugera, » dit le vieillard, en plaçant sa main sur un second pistolet.

Pourquoi Dieu ? Un jury, il faut l'espérer, l'eût acquitté.

Olympe est un fléau qu'on peut d'ailleurs détruire autrement que par un homicide. Puis à quoi sert cet homicide au point de vue de la sanction du drame ? Par la mort d'Olympe rien n'est réparé ; l'avenir d'Henry est ruiné moralement ; la réputation de sa cousine Geneviève, aux prises avec l'horrible Irma qui tient en mains le journal volé par Pauline et naïvement compromettant, est perdue aussi.

L'action se passe dans un vilain milieu, mais cependant la pièce est, par réflexion, d'une moralité exemplaire ; toutefois la fin est trop sombre. Le point vrai se trouve entre le sort de Marguerite Gautier et celui d'Olympe.

Ni apothéose, ni massacre. Pour la dernière, la dégradation suffisait. En réalité, dans la vie or-

dinaire, une famille n'est pas atteinte parce que
l'un de ses membres s'est mésallié, surtout quand
il reconnaît ses torts et est fort malheureux.

Le désir d'en finir par un coup d'assommoir avec
la « turlutaine » de la réhabilitation des filles per-
dues a entraîné l'auteur à trop forcer le coloris.

Le point le mieux saisi, le côté le mieux peint et
le plus vrai, c'est l'impossibilité de race, d'idées, de
manières, d'éducation, l'impossibilité absolue pour
la courtisane de tenir sa place et de se plaire dans
le monde honnête. Lors même que les idées modernes feraient considérer cette alliance comme admissible, il y a là une sorte de répulsion instinctive,
quelque chose d'analogue, dans l'ordre moral, à ce
qui se passe en chimie, quand deux corps de nature
différente refusent de se combiner.

✱

On voit que notre théâtre a mis à la scène toutes
les variétés de courtisanes, et encore n'avons-nous
pris qu'un très-petit nombre d'exemples — bien
des œuvres nous auraient offert des types dont
l'examen aurait inutilement grossi ce chapitre.

Souvent aussi la courtisane traverse l'intrigue
sans que l'auteur cherche à l'absoudre ou à la condamner. Dans cet ordre d'idées, nous pouvons citer
comme exemple important, et pour terminer, le
rôle de Baronnette dans *Jean de Thomeray* (1873).

L'introduction sur la scène de la Comédie-Française de la cocotte moderne et de haute volée, dans ce qu'elle a de plus agressif et de plus séduisant, était une audace heureuse et rentrant bien dans l'allure du poëte qui a écrit *les Effrontés* et *le Mariage d'Olympe*.

Ici cependant, il ne fait pas son héroïne bien noire ; à la scène elle disparait au IV⁰ acte, sans toucher à l'action ; dans le drame imprimé (dont tout le IV⁰ acte est différent de celui qu'on représente au théâtre), elle avait un rôle plus développé ; elle sauvait une femme mariée, sa rivale, d'une situation dangereuse, et cette péripétie semblait relever un peu son caractère.

V.

LE CRAMPON.

Qu'est-ce qu'un *crampon* ?

La courtisane casée pour longtemps, avec les apparences de la vie maritale, passe *crampon*; le mot n'est pas distingué, mais il est expressif.

C'est dans *Diane de Lys*, qu'il faut aller chercher la définition la plus complète du crampon. Taupin, le sculpteur surmené, à demi abruti, dit en parlant de certaines amours que l'on croit passagères :

« ... Il arrive souvent que cette femme ne vous quitte pas...
« on la traite sans conséquence... elle surprend vos manies....
« elle les dorlote, et vous fait faire ron-ron, comme à un
« gros chat sensuel... »

Bref, un beau jour on a la douleur de faire part à ses amis de son mariage avec Mlle *** ; trop heureux si, avant le mariage, un séducteur survenant vous délivre de la belle, car la victime n'a plus l'énergie nécessaire pour secouer le joug, et, le pire du crampon, c'est qu'avec l'intimité, il perd l'élégance qui jadis lui donnait du charme... « L'ange replie ses ailes, porte un tartan et rend la maison intolérable. »

Nous n'avons pas besoin de faire remarquer que le crampon n'existe pas dans l'antiquité, ni même dans le répertoire classique ; au xvii⁰ siècle notamment, l'organisation sociale, avec ses divisions plus précises, s'opposait au développement excessif de ce que nous appelons les faux ménages.

La Servante maîtresse est un des plus anciens exemples du crampon (Th. Ital., 1754). Baurans avait traduit le livret de l'italien et fait connaître le premier à Paris la musique de Pergolèse ; le canevas de la pièce devait être de tradition dans les troupes italiennes. Il n'y a au reste rien de bien saillant dans l'intrigue. La situation est gaie. Zerbine dit carrément à Pandolphe, son maître, qu'il faut qu'il l'épouse, et Pandolphe n'y est que fort peu disposé. Mutinerie, grâce, tendresse, Zerbine met tout en jeu, elle feint même un mariage avec Scapin déguisé en militaire. Tout finit bien. Scapin, valet de Pandolphe, est un personnage muet, et on doit voir là une tradition des règlements imposés aux théâtres de la foire et qui leur avaient défendu d'avoir plus de deux personnages parlants. *La Servante maîtresse* fut un *Dîner de Madelon* distingué ; *le Dîner de Madelon* fut *une Servante maî-*

tresse tombée dans le pot-au-feu, comme nous le verrons ci-après, mais auparavant, nous devons parler du *Vieux Célibataire* de Collin d'Harleville (1792).

Cette comédie nous offre un type célèbre, celui de Mme Evrard ; cette servante soi-disant absolue, mérite-t-elle sa réputation ? Elle en est loin selon nous. A la lecture, Mme Evrard est dessinée sans fermeté ; la comédie est elle-même tendrement coquine, sans mouvement. On comprend peu une femme qui prend pour confident un concierge dévoué à son maître, et refuse même de reconnaître le neveu et la nièce de ce dernier ; puis cet excellent M. Du Briage, quel bonhomme sans relief ! Comme on sent bien que tout est arrangé d'avance, que la vie est absente de ce théâtre doux et incolore. Dépouillée de sa versification élégante et terne, cette pièce pauvre d'intrigue, nulle de caractères, serait insupportable ; la poésie seule lui donne une apparence de vie. Bien tracée, Mme Evrard eût été sinistre, mais elle ne sait pas agir et n'a pu jeter aucune racine au cœur de son vieux maître ; elle se flatte de lui être indispensable et de l'épouser ; erreur, car, au moment où croyant jouer un grand coup, elle offre son congé, Du Briage l'accepte, — car Du Briage est vertueux et honnête, comme toute la pièce, comme tous les personnages, au reste, comme Mme Evrard elle-même, qui n'a rien de bien redoutable, comme aussi tous les vers.

Les derniers mots sont parfaitement insignifiants :

> ..... *Du moins mes regrets salutaires*
> *Seront une leçon pour les célibataires.*

s'écrie Dubriage en regrettant de ne pas s'être marié. Singulière leçon! Voici, de même que nous l'avons fait remarquer pour *les Vieux Garçons*, un bonhomme qui a mis ses neveux à la porte, il n'a pensé qu'à lui; il vieillit et alors chacun s'empresse à son service; il a pour lui donner des soins neveu, nièce, et serviteurs, tous dévoués; il a la famille sans en avoir la responsabilité; nous ne voyons pas que la leçon soit bien dure. Eh bien! tous les coups de la pièce portent à peu près aussi juste. Toutefois, *le Vieux Célibataire*, par son allure classique, par une sorte de reflet de la grande comédie, par son maintien au répertoire, méritait qu'on s'occupât du type qu'il renferme.

Au commencement de ce siècle, *le Dîner de Madelon* (Désaugiers, 1813) fut une bergerie du Marais qui a fait longtemps les délices de la bourgeoisie; on a souvent repris cette petite pièce tirée d'un vieux conte, et à laquelle quelques couplets bien rhythmés de Désaugiers donnent seuls une certaine valeur. Si l'on en croit Béranger et Désaugiers, les bourgeois d'il y a cinquante ou soixante ans s'acoquinaient aisément à leurs servantes; cette situation galante passait fort bien au théâtre, beaucoup mieux qu'à présent, il faut le croire, car dans *Maître Guérin*, le personnage de Françoise reste hors de scène et ne figure comme valeur que par un mot dit à la fin ; encore, dans *le Filleul de Pompignac* (scène 1ʳᵉ de l'acte II), Pompignac, vieux et riche célibataire, commandant son déjeuner à Florence, sa cuisinière, lui dit :

— « ... Tu te demandes sans doute pourquoi je prends
« une jeune et jolie cuisinière comme toi à mon âge... Si tu
« te figures que je suis un vieil imbécile ou un vieux polis-
« son, et que je veux chanter avec toi les chansons de Panard
« ou de Béranger, tu n'y es pas du tout. »

Lors de la représentation du *Dîner de Madelon*, le public ne semblait pas avoir de ces scrupules, et maître Benoit, insignifiant comme son nom, encore moins. Pâtissier retiré, il s'est laissé prendre aux charmes de sa cuisinière Madelon, depuis dix ans à son service et connaissant les goûts du verdelet vieillard. Elle lui dit :

> ... *Vous, l'soir, par une fillette*
> *Que vous vous sentiez heurté,*
> *V'là soudain que votre œil la guette*
> *Et puis dans l'obscurité...*
>   *La gaîté,*
>   *La santé,*
> *Changent l'hiver en été.*

Benoit apporte un dindon pour sa fête et désire avoir Madelon comme convive, afin qu'il y ait à table une fine mouche et deux bêtes ; mais l'ami Vincent survient ; celui-ci ne dépare pas la collection ; il trouve que la gaieté n'existe plus qu'au Marais ; elle n'est cependant pas malaisée à trouver si elle consiste à faire asseoir sa cuisinière à sa

table. Madelon entend dîner seule avec son maître
et ne veut pas que Vincent prenne sa place; aussi
raconte-t-elle à ce dernier, pendant que son maître
est à la cave, que Benoit a des fureurs subites, surtout pendant les repas où alors ses couteaux deviennent des armes dangereuses. Vincent effrayé
s'enfuit. Alors Madelon offre à Benoit de petits
présents pour sa fête, puis Vincent revient appor-
tant aussi son cadeau : un couvert d'argent marqué
aux prénoms de son ami, Étienne, Boniface, Tous-
saint, soit E. B. T. (la circonstance semble justifier
le mot), on s'explique et tous trois dînent ensemble.
Vincent trouve tout naturel de s'asseoir à table avec
Madelon, puisque chez lui il en fait autant avec
Marianne.

Cette pièce, d'un esprit assez alerte, mais vulgaire, fait penser à la justesse du mot d'une dame
galante, disant : « Moi, je ne comprends que l'a-
mour en robe de soie. » Ce qui choque encore dans
le *Dîner de Madelon,* c'est l'envahissement de la
domesticité remplaçant la famille.

Cet envahissement a été exposé au théâtre d'une
façon lugubre, bien que sous une forme comique,
dans *le Lion empaillé* (L. Gozlan, Variétés, 1848).
Mauduit, ancien élégant, ancien capitaine de dragons, a subitement disparu de Paris à la suite de
maladresses commises dans la société d'une charmante comtesse veuve, qui avait pour lui une tendre
inclination; — il s'est grisé et a manqué un rendez-
vous. — Moitié honte, moitié laisser-aller, il est venu

se fixer à Juvisy, près Paris, où il vit seul avec
une cuisinière gouvernante qui mène tout, même
Mistral le domestique. On n'a laissé parvenir jusqu'à lui aucune lettre, et il faut le hasard, une que-
relle conjugale d'un ami, Morieux, qui vient le
relancer, pour que l'ancienne troupe joyeuse de ses
plaisirs puisse le trouver. Annette, la gouvernante,
est justement absente et pour un instant Mauduit
reprend son énergie. Souper fin, truffes, cham-
pagne, chanson grivoise, tout est mis dehors, tout,
jusqu'à la musique, représentée par Mistral qu'on
force de grimper sur un fauteuil et de jouer du
galoubet. Mais Annette est de retour et Mauduit
redevient tout petit garçon; sa maîtresse-bonne lui
fait laver la vaisselle, renoncer à ses projets de
mariage avec la comtesse, et diffamer ses amis, qui
se retirent en le plaignant. Morieux, corrigé par
l'exemple, retourne quand même retrouver sa
femme, et comme par le passé Mauduit se retrouve
seul entre les bras de sa cuisinière qui sera pour lui
« toujours bonne. »

Dans cette pièce la gaieté n'existait qu'à la sur-
face. Mistral, tremblant au souvenir d'Annette,
mais enfonçant pour obéir à son maître les portes
de la cave, du bûcher, les armoires à l'argenterie,
car Annette a toutes les clefs, — les plaisanteries du
monde léger qui, pour un jour, s'agite autour de
Mauduit, tout cela c'est le côté comique. — Le côté
sinistre, c'est le réseau impossible à rompre dans
lequel se débat Mauduit, tissu fait de toutes les

ficelles de la vie matérielle combinées avec la faiblesse d'un vieux beau dégénéré et acoquiné aux
charmes d'une maritorne. Au théâtre la situation
finale passe; quand on aperçoit Annette sous les
traits d'une charmante actrice couverte d'un riche
peignoir de dentelles, à la bonne heure; mais dans
la vie ordinaire, une cuisinière ne ressemble en
rien à cela, elle abaisse celui qu'elle soigne à son
niveau comme éducation et comme manières. De
tous les crampons, le crampon domestique est le
plus affreux. Annette deviendra bien entendu
Mme Mauduit et prendra un jour ou l'autre son rang
dans le monde. Quant à Mistral, il sera métamorphosé en chasseur et dédommagera madame de la
vieillesse de monsieur.

Mais comme il est parfois bon de rire des choses
sérieuses, on a ri du crampon — dans deux pièces
surtout, les Amours de Cléopâtre et Célimare le
bien-aimé, deux pièces qui appartiennent à ce gai
répertoire pour lequel il semble que le monde ne
contienne que de folles caricatures.

Dans les Amours de Cléopâtre (MM. Michel et
Delacour, Variétés, 1860), Gulistan Bigarel est sur
le point d'épouser la fille d'un marchand de bouchons, et il veut rompre avec Cléopâtre, une Espa-
gnole de Noisy-le-Sec, jalouse comme une tigresse;
mais il n'ose déclarer ses projets; son existence tient
à Cléopâtre comme un hanneton à son fil. Il voudrait découvrir une infidélité de sa maîtresse, mais
hélas! Cléopâtre est sage, et au point de vue de la

séparation qu'elle soupçonne elle raisonne à coups de pincettes et déclare qu'elle est :

« La femme qui ne veut pas être lâchée ! — Quelle expres-
« sion ! — Un peu canaille... mais qui peint bien son petit
« bonhomme de femme... — Nous appelons ça... entre
« nous... un *crampon*... Alors commence la lutte. »

Pour la signature du contrat, toute la famille du marchand de bouchons attend Gulistan ; tous, y compris le notaire, se sont endormis, car Gulistan est en retard de huit heures ; il vient malade, dit-il, d'une horrible fluxion, qui passe à chaque moment d'une mâchoire à l'autre. Cléopâtre à son tour se présente sous le nom d'une tante de province de Bigarel et donne cinq minutes pour rompre avec l'homme aux bouchons. Gulistan hésite ; Cléopâtre simule la folie et tout le monde effrayé part pour Quiévrain, frontière belge, afin d'y continuer la noce.

A Quiévrain, Gulistan est encore en retard ; il a été conduire Cléopâtre à Bruxelles et l'a abandonnée sur la tour Sainte-Gudule avec un pâté de canard, un fort jambonneau et rien à boire. Il espère avoir le temps de se marier ; mais Cléopâtre a sonné le tocsin, on l'a délivrée ; elle menace l'homme aux bouchons à coups de rasoir... Tout cela devient insensé, mais fort gai. Gulistan déclare fermement sa volonté de rompre, mais le crampon est solide ; Cléopâtre refuse une maison à Meudon, elle veut le mari — « qui la battra... soit ! il y a des femmes qui aiment cela. » Enfin elle part pour Bruxelles et emmène Gulistan qui l'y épousera. Tous deux appartiennent, au reste, au monde hétéroclite des romans de Paul de Kock, monde dans lequel les unions douteuses ne semblent pas avoir grande importance.

Célimare le bien-aimé (Labiche et Lacour, Palais-Royal, 1863) repose sur l'idée fort gaie de faire punir un galant célibataire, qui se marie, par la présence perpétuelle des maris qu'il a trompés, et qui, même lorsque les femmes sont mortes, le jettent dans un imbroglio domestique. Parasites agrégés par le phénomène de l'habitude, Vernouillet et Bocardon envahissent le domicile de Célimare, se font frotter leurs rhumatismes par lui, le consultent sur tout, sur un papier à changer, sur une cuisinière à prendre ; le chien de Bocardon, Minotaure, dévore jusqu'aux châles de la belle-mère ; le pire c'est que sa nouvelle famille reproche à Célimare sa froideur pour ses anciens amis. Le jeune ménage va être brouillé quand Célimare a l'idée de dire à ses deux *suivants* qu'il est ruiné, et de leur demander une commandite pour fabriquer du zinc avec de la terre de bruyère ; ils fuient ! Célimare délivré aura un fils auquel il dira, le jour de sa naissance : « Jeune homme, ne faites jamais la cour à une « femme mariée !... respect à la femme mariée !... à « moins qu'elle ne soit veuve. »

★

Il existe à côté de ces plaisanteries le crampon criminel, comme dans *Fanny Lear* (H. Meilhac et Halévy, Gymnase, 1868). C'est ici la courtisane imposée au monde par la force de sa volonté; elle s'est glissée peu à peu dans la société par la charité, porte ouverte à tout le monde; la charité purifie, c'est encore un système comme le repentir. Elle donne aux quêtes des billets de mille francs, — il est vrai que l'argent lui a donné si peu de peine à acquérir! Elle tient séquestré un pauvre vieillard, le comte de Noriolis, et le château des Roches, où elle habite, est devenu légendaire grâce aux bavardages de l'apothicaire et des paysans.

Fanny Lear est la fille d'un matelot; actrice au théâtre de Drury Lane à l'âge de dix-huit ans, le rôle de Nérissa, du *Marchand de Venise*, a fait sa réputation de beauté et elle a continué le personnage en dehors du théâtre; d'artiste elle est devenue fille entretenue. Elle a été notamment la maîtresse, pendant cinq ans, de lord Elpheston qui est mort lui laissant sa fortune. C'est alors qu'elle a rencontré le comte de Noriolis. Après un désespoir de famille, celui-ci a disparu; on le sait à Londres dans la misère la plus profonde; F. Lear lui achète son nom en échange de sa fortune et l'épouse. Le pire c'est qu'elle a cmmené avec elle une jeune fille, Geneviève, dont Coriolis est le grand-père. Elle dispose de son avenir; Geneviève aime, mais Fanny Lear ne donnera son consentement à son mariage que si l'époux honorable et honoré consent à vivre

7

avec sa belle-mère et à la couvrir de son nom.

Dans une grande chambre du château des Roches,
se trouve le vieillard de soixante-dix ans, Coriolis,
à demi en enfance, la tête exaspérée par la solitude
et la tyrannie; il retrouve, sous l'empire des souvenirs et de son affection pour sa petite-fille, quelques
minutes de lucidité et de volonté; il veut fuir. Mais
il a contre lui sa femme, et Risley, un médecin
coquin qui entretient sa folie; il veut défendre Geneviève, et la seule nouvelle de l'approche de Fanny
le fait trembler. En vain s'efforce-t-il, il tombe
comme foudroyé aux pieds de sa femme et la folie
le saisit de nouveau.

Le reste du drame manque de logique; il faut,
pour la moralité finale, que Risley le médecin, dé-
daigné comme amant par F. Lear, se venge en vendant 100,000 francs ses droits de tuteur sur Geneviève, qui épouse alors son fiancé. Mais dans la
logique des faits, Fanny eût donné le double et
l'eût emporté. Fanny restera donc gardienne d'un
fou; elle a dû prendre ses précautions par son
contrat de mariage, et quand son mari sera dans un
cabanon, elle vivra avec un amant, comtesse malgré
cela pour tout de bon.

En regard de Fanny Lear, le crampon vicieux,
examinons pour finir le crampon sympathique. *Les
Faux ménages* (Ed. Pailleron, Théâtre-Français,
1869) offrent l'exemple du crampon le plus dangereux de tous, le crampon vertueux, à une seule
chute, personnelle à celui qui le tient ou plutôt en

est tenu. C'est une grave question de savoir si on doit à sa maîtresse sa vie entière, ou s'il n'y a pas plutôt, entre amants, un contrat tacite qui fait qu'on accepte seulement le temporaire, mais temporaire que la femme se propose très-souvent de rendre perpétuel, et que la faiblesse de l'homme laisse parfois devenir tel; aussi le nombre des faux ménages est-il assez considérable pour que la société doive s'en préoccuper. L'envahissement du monde moderne par ces faux ménages est extraordinaire. Ne parlez pas de mariage subséquent, d'enfant naturel, de légitimation, de cocotte retirée, d'adultère, de vie à deux, etc., car on ne sait jamais si on ne parle pas de corde dans la maison d'un pendu. Il serait plus simple de ne pas avoir de pendu chez soi, mais quand on en a un, on reproche plutôt aux autres de n'en pas avoir, et le faux ménage se développe partout. Il y a là une franc-maçonnerie se soutenant et s'agrégeant par des lois mystérieuses, envahissant et étouffant parfois autour d'elle l'honnêteté. Ces faux ménages, souvent fortunés, car ces sortes d'unions commencent par l'achat de la femme ou par la fortune faite à deux dans le commerce, monsieur aux livres, madame au comptoir, n'ont que de rares relations; ils ont leur monde, mais ne vont pas dans le monde; aussi la plupart des habitations agréables de l'ancienne banlieue leur appartiennent-elles, car leurs consciences pures aiment l'espace et la verdure. Deux générations se passent, puis voilà la famille issue de l'accouplement qui prend sa place dans le monde, et on oublie son origine.

Dans la pièce de M. Pailleron, pièce un peu grêle, à laquelle la forme poétique donne une valeur un peu fictive, Paul Armand, vivant avec sa mère, que son père a abandonnée, est aimé d'Aline, jeune et jolie cousine; mais il a une chaîne, un crampon solide sur lequel l'auteur a accumulé toutes les qualités comme pour faire naître chez le spectateur la sympathie pour son héroïne.

Le mariage tel que l'a disposé la société est parfois sujet à de graves reproches; on ne consulte pas toujours les époux, les situations décident le plus souvent des unions, mais s'il y a beaucoup à dire, ce n'est pas le mariage qui est mauvais, c'est la façon dont on le conclut, et chacun peut parfaitement le conclure d'une façon différente. Jusqu'ici le mariage est encore ce qu'il y a de mieux, et toutes les théories possibles ne le changeront pas et ne créeront rien qui puisse le remplacer; bien des civilisations diverses et passées sont là pour en faire foi. De nos jours, on peut être très-poétique en l'attaquant, on peut être charmant, spirituel, mordant, mais on est dans le faux, et, bien que toute femme mariée ne soit pas honnête, le seul moyen d'avoir une honnête femme, c'est de l'épouser.

Au reste, malgré le charme dont il a entouré Esther, l'auteur des *Faux Ménages* condamne ces fausses situations. C'est, dit-il :

> . . . . *Un accouplement,*
> *De deux êtres. . . . .*
> *Que l'ardeur de la vie ou bien la lassitude,*
> *Unit par le hasard, rive par l'habitude.*
> . . . .
> . . . .
> *Un vrai mal qui nous gagne et dont le péril presse.*

Bien des causes concourent à créer ces situations : théories de réhabilitation, surprises de paternité, travail trop opiniâtre, oisiveté, vieillesse précoce, timidité, faiblesse, mauvaise éducation, mauvais mariages, habitudes prises, exemple, etc.

Quant au héros du drame, Paul, il n'est pas encore réellement saisi par le crampon du faux ménage, car il y a seulement un an que sa liaison avec Esther a commencé; mais il a complétement perdu le pouvoir de se tirer de ses griffes. Le bon sens n'existe plus que dans le personnage de Georges, qui regarde le faux ménage comme une plaie, mais comme une nécessité sociale qu'il faudrait annexer au mariage, en en faisant une sorte de concubinage romain.

Ce serait peut-être une idée; mais nous la croyons peu du goût des petites dames déclassées. Que désirent-elles, en effet ? l'apparence de l'union légale et les respects que, par cette apparence qui passe pour réalité, elles sont en droit d'exiger. Or le jour où il y aurait classification, leur ambition serait toujours la même et l'envie les pousserait encore à dissimuler leurs situations, comme si l'apparence pouvait faire oublier aux faux ménages les soucis sans cesse renaissants qu'ils ressentent.

M. Ernest (le père disparu de Paul, vivant sous un nom supposé) personnifie ces douleurs; il a pris le chemin de traverse et le voilà vieux, fané, se cachant, ou promenant une femme « qui n'est pas à « lui, un enfant qui n'est pas de lui, » ayant les fardeaux du mariage ordinaire sans avoir l'estime réciproque, ni celle du monde, ni celle des enfants.

Esther, il est vrai, telle que la peint le drame, peut par son esprit et ses façons devenir, si elle était sage, une charmante femme. Aussi Paul se dispose-t-il à faire la deuxième boulette qu'un homme puisse commettre, épouser sa maîtresse (la première, c'est épouser la maîtresse d'un autre). Arrive alors la scène inévitable entre Esther et la mère de Paul, où toutes deux frappent la société et le code sur leurs têtes réciproques; donc beaucoup de phrases creuses et sonores. La sensibilité l'emporte; la mère veut qu'Esther vienne s'installer chez elle pour sauver la situation et la dissimuler; Georges devine la cocotte sous la femme, Esther s'écrie alors :

Mais cela se voit donc !

Parbleu! le flair d'un Parisien va découvrir, vingt et trente ans plus tard, l'ex-cocotte la plus légitimement mariée. Georges est le bon sens comme Barentin dans *les Idées de Madame Aubray*; la morale condamne la générosité des personnages à voir échouer leurs projets :

Involontaire ou non, une chute est un fait,

mais chacun semble perdre la tête; un abbé même, au nom de la charité, incline à l'indulgence.

Aline, fiancée de Paul, veut se sacrifier, sans comprendre la situation d'Esther. Il y a même ici une naïveté trop forte pour une ingénue du xixᵉ siècle. Qu'une jeune fille ne sache pas au juste ce que c'est qu'une maîtresse, passe; mais qu'elle ne soupçonne même pas la situation déshonnête, il y a là excès. M. Augier, dans *l'Aventurière*, a su créer une tout autre jeune fille, qui n'est pas moins chaste qu'Aline, et qui cependant répond carrément aux prétentions de Clorinde à occuper la place de la vertu. La naïveté, la fraîcheur des idées ne doit pas être la niaiserie; l'ignorance d'Agnès peut être charmante à seize ans, mais à vingt ans (et Aline semble avoir cet âge) c'est moins bien, à vingt-cinq ans ce serait déplacé et à trente ans parfaitement ridicule. Il est un âge où l'on ne peut plus croire que les enfants « se font par l'oreille. »

Quant au jeune Paul, il semble, outre son amour, être piqué de la tarentule de la réhabilitation; la mère, aussi folle que Mᵐᵉ Aubray, consent donc au mariage. Le père déchu est le seul alors qui vienne exposer les conséquences fatales d'une semblable union, non sur les époux seulement, mais aussi sur les enfants; chose dure que cette responsabilité transmise, mais chose bonne si elle fait reculer, sur la mauvaise voie, par le sentiment inné de la paternité à venir et de la solidarité des générations, ceux qui ne considèrent le mal que comme ne s'attaquant qu'à eux seuls.

Esther comprend la leçon et se résigne à garder une place,

A côté de l'honneur, au-dessus du pardon.

C'est ce que nous disions à propos de *la Dame aux Camélias;* aux déclassées repentantes de toutes catégories accorder une sympathie méritée, mais à la condition que le crampon sera maintenu dans son milieu spécial et n'envahira pas la famille. — Orgueil, dira-t-on, excessive rigueur, — non, simplement honnêteté et saine appréciation des difficultés de la vertu et des honneurs auxquels elle a droit. Faites donc si l'on veut une case spéciale pour les Madeleines qui se rangent, mais que cette case ne les place jamais au niveau de la femme honnête; il faut d'ailleurs protéger le mariage qui assure seul repos, sécurité, dignité, et ne pas accepter comme son égal, même d'apparence, une contrefaçon, quelque bien réussie qu'elle soit (1).

----

(1) Le charme répandu par l'auteur sur le personnage d'Esther rendait celle-ci sympathique; mais enfin la logique l'emportait et Esther n'épousait pas.

Depuis, le théâtre contemporain a fait un pas significatif en avant. *La Maîtresse légitime*, pièce centenaire à l'Odéon, a mis en scène une femme, maîtresse pendant longues années d'un industriel; l'auteur a fait son héroïne charmante, dévouée, prête même à se sacrifier pour ne pas gêner les affaires de son amant; c'est le crampon sympathique, mais pas à un plus haut degré qu'Esther des *Faux Ménages*. — Eh bien! la maîtresse légitime épouse son amant et régularise sa situation;

elle cède sur les instances de ses amis, jusque-là rien à dire; mais pour la décider c'est une jeune fille qui vient la prendre par la main, la prie de prendre une place dans la famille, et a l'air de s'abaisser devant la femme déclassée !

Célie de *l'Aventurière* s'opposait à ce que Clorinde prît chez elle la place de sa mère ; tout ce qu'elle faisait pour la courtisane repentante c'était de lui tendre la main lors de son départ.

Aline des *Faux Ménages* voulait bien se sacrifier de confiance.

La jeune fille de *la Maîtresse légitime* est elle-même l'agent décisif dans l'introduction de la déclassée au milieu de la famille.

Il y a là, dans notre théâtre moderne, une progression suivie dans l'admission du demi-monde dans la famille, progression singulière, curieuse à noter — et qui a produit ce qu'on peut appeler le *crampon vainqueur*.

VI.

LE VIOL ET L'INCESTE.

———

Le théâtre a rarement mis à la scène le viol et l'inceste, surtout le viol brutal; — il a généralement entouré ce dernier de toutes sortes de précautions et il plane d'ordinaire un certain vague sur l'absolu de la violence, — ménagements nécessaires, au reste, car le viol ressort du bagne et non de l'art dramatique, et nos mœurs ne l'accepteraient pas brutalement exposé.

Le plus ancien exemple de viol est celui que commet Jupiter dans *Amphitryon;* l'antiquité admettait cette sorte de distraction pour les dieux en vacances. Il est évident que bien qu'Alcmène n'oppose aucune résistance, elle est vertueuse et croit se donner à son mari en accueillant Jupiter. Le héros olympien n'y regarde pas de si près, il sait dorer la pilule :

> *Un partage avec Jupiter*
> *N'a rien du tout qui déshonore...*

Au contraire! pourraient parfois répliquer bien des maris qui n'auraient pas pour justifier leur insouciance l'excuse de la ressemblance et de la toute-puissance du larron.

Dans *Amphitryon*, la tradition et le comique effacent l'odieux du procédé. Il y a dans la littérature moderne, si on la considère au point de vue de la dignité de la femme, un progrès très-évident. Dans l'antiquité, la femme est captive, esclave; c'est une chose dont la possession passe au vainqueur; par exemple, Andromaque épouse Pyrrhus, fils du meurtrier de son mari. Cette circonstance ne paraît blesser chez elle aucune délicatesse. Dans *l'Amphitryon* antique, Alcmène, quoique vertueuse, accepte Jupiter parce qu'elle ne regarde qu'à la figure; Molière, malgré l'autorité de son modèle, n'a pas cependant voulu faire reparaître Alcmène à la fin de la comédie; malgré la mythologie, malgré le prestige du jeune roi Louis XIV, aurait-il osé, même avec des ménagements, transporter la scène dans le monde contemporain? nous en doutons.

Alcmène, disons-nous plus haut, ne voit que l'apparence; dans une fantaisie moderne, *Avatar*, la femme a une délicatesse de plus. Par le pouvoir d'un vieux médecin hindou, en plein Paris du xixᵉ siècle, un amant s'introduit dans le corps du mari de la femme qu'il aime, en lui laissant sa défroque humaine, — mais la femme qui, sans rien s'expliquer, perçoit quelque chose d'étrange, ferme dou-

cement la porte de sa chambre au nez de l'amant
stupéfait qui croit déjà la tenir. Il y a là une sub-
tilité vertueuse, inconnue d'Alcmène, et tout à
l'honneur de notre temps.

Dans le théâtre moderne on ne met guère à la
scène, et encore dans le passé le plus souvent, que
le viol par à peu près, consenti d'intention sinon
de fait, comme par exemple la comtesse Almaviva
et Chérubin, Angèle et Antony. Dans la tragédie
classique la tradition domine; mais *Lucrèce* de
Ponsard, *Virginie* de Latour de Saint-Ybars se
terminent toutes deux par un coup de couteau et
une révolution.

Il existe dans le répertoire de notre siècle une
œuvre qui eut bien des représentations : *Il y a seize
ans* (Victor Ducange, — 20 juin 1831, Gaîté). Le
drame, bien fait, repose sur un viol dans le passé;
mais l'auteur évite soigneusement de prononcer le
mot, et la scène délicate où le comte reconnaît sa
victime, malgré le langage ampoulé du temps, est
pleine de périphrases adroites. Ce fut un immense
succès de larmes. Ce drame, à l'adresse des cœurs
sensibles, contient tous les éléments inventés par
l'imagination des dramaturges du vieux boulevard :
la jeune fille victime, l'enfant méconnu, le père
vertueux, le vieux fermier dépositaire muet d'un
secret terrible, l'ancien militaire à l'accent alsacien
qui jette çà et là une note gaie; puis, pour le sinistre, une bande d'incendiaires, un pont scié pour
faire noyer les braves gendarmes; rien ne manque,

pas même la malédiction du père et l'anneau de la mère.

En 1814, chez son fermier Gérôme, Amélie de Clairville a mis au monde un enfant; M. de Saint-Val, officier français, l'a violée pendant la campagne de France. L'enfant, depuis quinze ans, est élevé par charité dans le château de Clairville sous le nom de Félix. A une époque antérieure, de Saint-Val père a confié à la famille de Clairville une somme de 500,000 francs; cette somme a disparu. Lorsque Saint-Val fils vient la réclamer, Clairville, honnête homme, offre, en dédommagement, au fils de son ami, sa propre fortune avec la main de sa fille. Le contrat se prépare, les deux futurs ne se reconnaissent pas; Amélie éloigne Félix et l'envoie chez le vieux Gérôme, son seul confident; mais Félix a deviné le secret de sa mère; il part. Gérôme et lui tombent dans une embuscade de chauffeurs; Gérôme est englouti par le torrent, et Loupy, mendiant scélérat mais honnête, mène Félix à la ferme des Genêts; on leur donne asile, — la nuit même la ferme brûle; on les accuse. Félix, ne voulant pas compromettre sa mère, refuse de dire qui il est; des bijoux, des diamants trouvés par Loupy sur Gérôme qui les avait reçus d'Amélie pour son fils, viennent encore compliquer la situation de Félix qui s'accuse d'avoir mis le feu plutôt que d'avouer la vérité; un paysan qui le reconnaît le fait alors conduire au château. Le mariage de Saint-Val a été célébré le matin même. Les magistrats viennent faire une instruction (on trouve là un excellent type de magistrat pompeux), Amélie déclare, devant le supplice qui menace Félix, que ce dernier est son fils; Clairville veut tuer sa fille; tableau. Honte et désespoir. Aveux réciproques, et par une scène, au reste fort bien faite, entre Amélie et Saint-Val, on obtient la clef du drame, resté fort obscur jusque-là : pendant que les alliés entouraient Paris, Clairville avait mené sa fille chez Gérôme; une attaque militaire avait eu lieu; on sait le reste; Saint-Val reconnaît surtout Amélie à une bague qu'il avait sentie à son doigt. « Il y a seize ans, s'écrie-t-il, qu'un crime t'a faite mon épouse. » Tout est donc réparé, et l'habileté de l'auteur a fait passer ce sujet difficile.

En 1859 la Porte-Saint-Martin représenta *l'Outrage* (Th. Barrière et Plouvier), sujet scabreux et adroitement exposé : Raoul de Brives revenant d'un dîner au bord de la mer, près Marseille, a pénétré par escalade dans la maison de la famille Latrade; la fille Hélène, seule au logis, a été violée par lui; elle est devenue folle; tout reste secret. Jacques d'Albert, jeune médecin, se dévoue et s'applique à sauver sa raison; il y parvient; il l'épouse et la jeune fille ne se souvient que trop tard de ce qui est arrivé; elle avoue tout à son mari qui, pour se venger, va consulter M. de Brives père, magistrat. Il n'y a qu'un fil pour les guider, une date et le dîner fait dans une bastide sur la côte. Le juge parvient à se procurer la liste des jeunes gens qui ont dîné ensemble au jour indiqué ; en éliminant peu à peu pour des raisons certaines les uns ou les autres, il arrive à n'avoir plus que deux noms écrits de l'autre côté de la feuille qu'il a reçue ; ces deux noms sont ceux de ses deux fils Raoul et Raimond ; il cache la vérité au mari, mais veut donner sa démission de magistrat pour ne pas faire obstacle au châtiment du criminel.

Lequel de ses deux fils est le coupable ? l'innocent se laisse soupçonner pour sauver son frère. Dans un bal donné par lui pour réunir les jeunes gens et arriver à découvrir le coupable, d'Albert fixe ses doutes. Comme attiré par une force invincible, Raoul rentre chez les Latrade, dans la chambre même où il a violé Hélène, et là d'Albert le tue d'un coup d'épée. « C'était votre droit, » dit le père qui survient.

Tous les auteurs dramatiques n'ont jamais, en effet, cherché à excuser le viol ; ils l'ont toujours absolument condamné, même dans *Il y a seize ans*, qui commençait dans les larmes et finissait par une fête (1).

(1) Lorsqu'il y a peu de mois M. Sardou fit représenter *la Haine* sur le théâtre de la Gaîté, on crut d'abord à un franc et durable succès ; puis tout à coup, au plus fort disait-on des recettes, le drame faiblit et disparut de l'affiche retiré par son auteur. Nous ne serions pas étonné que le sujet choisi, le nœud du drame, le viol de l'héroïne, ne fût la cause de cette chute. Quelque habileté qu'il y eût dans l'exposé de la situation, dans le récit du fait, il y avait là quelque chose de si choquant que, sans s'en rendre compte, le public se retira du théâtre. L'idée blessante était encore augmentée par cette autre idée singulière de l'indulgence pénétrant dans l'esprit de la victime, et la faisant peu à

*

L'inceste, tout autant que le viol, sort de la galanterie, et n'a jamais, que nous sachions, été exposé franchement sur une scène française.

Lucrèce Borgia le laisse planer comme probable; *La Tour de Nesle* l'établit rétroactivement; Marguerite de Bourgogne a en effet pour amants ses deux fils : Gautier, favori en pied, Philippe, favori de hasard que l'on jette à la rivière; mais l'inceste n'est pas ici le point intéressant du drame, c'est une énormité inconsciente qui broche sur le tout.

A part le côté immoral, l'inceste semble, pour nous plus réalistes que les Grecs, malaisé à admettre, encore plus difficile à exposer. Les anciens avaient pour eux l'immutabilité de leurs héros presque divins, sans compter le Destin qui faisait tout accepter par ordre. Il y avait une sérénité inattaquable qui faisait admettre, par exemple, comme vrai, Ulysse revenant de Troie après dix ans de siége et dix ans de navigation au cabotage, et trouvant Pénélope aussi jeune et aussi courtisée que lors de son départ. Dans les Atrides, Égisthe épouse Clytemnestre qui doit être bien vieille pour lui; mais les faits ordonnés par le Destin arrivaient en supprimant le temps.

peu aimer celui qui l'avait outragée, — idée peut-être très-chrétienne, — trop chrétienne et nullement en rapport avec la juste haine que devait sentir la femme et surtout avec les mœurs violentes et rancunières de l'époque choisie par l'auteur.

Quelques exemples analogues se rencontrent aussi dans les légendes des chevaliers errants et des croisades. Un guerrier jurait fidélité à sa belle, partait en Palestine, y demeurait vingt ans, trente ans, s'y écloppait; la belle filait ou tapissait pendant ce temps, perdait ses cheveux et ses dents, mais au retour, les promis étaient tous deux toujours jeunes, bien qu'en réalité la chambre nuptiale dût ressembler à un petit hôtel des Invalides.

Nous demandons une précision plus grande. Les dehors nous choquent plus que les idées, que nous semblons, nous autres modernes, ne pas toujours apercevoir. Nous admettons difficilement au théâtre un jeune homme aimant une femme âgée. Malgré les ménagements des auteurs une femme, mère d'enfants déjà grands, qui a un amant, semble choquante; on a beau dire : elle est bien conservée, elle s'est mariée très-jeune; cela ne sert de rien. Pour tout inceste il y a deux faits qui s'opposent à son admission sur notre théâtre : la répulsion de nos mœurs pour cette péripétie galante et la difficulté qui résulte de l'âge de la femme. Et dans ce dernier point, pour le public souvent peu délicat au point de vue de la morale, réside peut-être l'obstacle le plus insurmontable. Pour qu'un homme figure au théâtre comme passion, il lui faut bien vingt-cinq ans, ajoutons vingt ans pour l'âge qu'aurait eu la mère quand elle lui a donné le jour, nous arrivons à quarante-cinq ans, admettons même quarante ans. — Certes, il peut y avoir des femmes bien conservées à cet âge, mais enfin c'est l'âge de la maternité sérieuse et non de la folichonnerie. *La Crise* et *Julie* sont des accidents qu'on ne peut ériger en principe.

L'antiquité nous offre l'exemple d'*Œdipe*, elle. Mais Œdipe avait bien des excuses : le Sphinx, le trône à occuper, et surtout le Destin, — et cependant il se crève les yeux et Jocaste se pend, bien que ce ne fût qu'en voyant « l'enfer à ses yeux, » et « en étouffant de ses sens la révolte cachée, » qu'elle a convolé à de secondes noces. (Voir Sophocle et M. de Voltaire.) Les Atrides aussi obéissaient au destin. Les anciens ne voyaient pas que Clytemnestre et Jocaste devaient avoir la quarantaine; nous le verrions aujourd'hui.

Si, il y a vingt ans, *Myrrha* a été accepttée dans quelques représentations tragiquement ennuyeuses, c'est à la faveur de la tradition antique, de l'excentricité de la langue italienne, que l'on voulait avoir l'air de comprendre; puis, justement à cause de cette facilité que le public moderne possède pour la gaudriole, il lui semblera plus admissible de voir amants, un homme mûr et une jeune fille, qu'un jeune homme et une femme âgée.

*

Pour terminer ce livre quelle réflexion faire? une seule.

En parcourant les pièces citées dans ces pages on se demande pourquoi les auteurs contemporains paraissent se complaire à développer l'immoralité sur nos scènes. Les uns punissent les vices, mais les entourent de détails charmants; les autres, en rompant toujours des lances pour les situations irrégulières, daubent indirectement sur la vertu.

Certaines théories sont mauvaises à mettre au théâtre, au théâtre qui pourrait être un des plus vigoureux et des plus excellents moyens d'enseignement et d'exemple. Nous savons bien que le vice est plus plaisant que la vertu et qu'il présente plus de ressources et d'émotions; mais les œuvres dramatiques de notre temps ne sont rien moins que moralisatrices.

On se moque avec raison du *Castigat ridendo* que la tradition nous a transmis; avec un barbarisme on pourrait changer cette devise en celle-ci : *Corrumpit larmoyando.*

Le théâtre constate, dit-on, il peint et n'invente pas; soit, et l'intention des auteurs est toujours louable, nous n'en doutons pas, — mais en somme, en sortant du théâtre, en lisant ces œuvres, les spectateurs ou les lecteurs qui réfléchissent et surtout ceux qui ne réfléchissent pas, ne peuvent que recevoir une impression malsaine. Cette conclusion semblera probablement peu conforme à certaines réflexions qui accompagnent quelques-unes des analyses contenues dans ce volume; mais c'est celle à laquelle on s'arrête lorsque la pensée, considérant seulement la morale qui ressort du drame, se dégage de l'influence charmante répandue dans quelques œuvres par l'esprit de leurs auteurs.

FIN.

TABLE

―――

FIN DE LA TABLE.

Achevé d'imprimer

LE PREMIER SEPTEMBRE MIL HUIT CENT SOIXANTE-QUINZE

PAR Eugène HEUTTE ET Cⁱᵉ

à Saint-Germain

POUR LUDOVIC CELLER

à Paris.

Imprimerie Eugène HEUTTE et Cⁱᵉ, à Saint-Germain.

Lightning Source UK Ltd.
Milton Keynes UK
UKHW021857280620
365591UK00013BA/496